Studieren im Quadrat

Was bedeutet Studieren im Quadrat?

Erfolgreich studieren, das ist leichter gesagt als getan. Denn zwischen Hörsaal, Bibliothek und Prüfungen gibt es im Studi-Alltag so manche Herausforderung zu meistern. Die UVK-Reihe »Studieren im Quadrat« hilft Ihnen dabei, in allen Lebenslagen cool zu bleiben – vom Praktikum über die Studienkrise bis hin zur Gründung des ersten Start-ups. Also keine Sorge, die bunten Bücher stehen Ihnen bei Fragen rund ums Studium bei.

Bislang sind erschienen:

- Mein Praktikum: Bewerben, einsteigen, aufsteigen
- Erfolgreich gründen: Start-Up im Studium
- Vom Studenten zum Chef
- Don't Panic! Studienabbruch als Chance
- Gechillt und entspannt durchs Studium
- Stay cool: Überzeugend präsentieren
- Beruf und Studium: Büffeln nach Feierabend

Barbara Krautz, Heike Schiebeck

■ Studieren im Quadrat

Gechillt und entspannt durchs Studium

UVK Verlagsgesellschaft mbH · Konstanz

Dr. med. Barbara Krautz ist Ärztin und leitet das BurnOut-Zentrum München.
Dr. Heike Schiebeck ist Diplom-Psychologin, Wirtschaftspsychologin und Business-Coach.

Online-Angebote oder elektronische Ausgaben sind erhältlich unter www.utb-shop.de.

Bibliografische Information der Deutschen Bibliothek
Die Deutsche Bibliothek verzeichnet diese Publikation in der Deutschen Nationalbibliografie; detaillierte bibliografische Daten sind im Internet über <http://dnb.ddb.de> abrufbar.

Lektorat: Rainer Berger
Abbildungen: © d1sk, fotolia.com (Abb. 4), © alxhar, fotolia.com (Abb. 5)
Druck und Bindung: Printed in Germany

UVK Verlagsgesellschaft mbH
Schützenstr. 24 · 78462 Konstanz
Tel. 07531/9053-0 · Fax 07531/9053-98
www.uvk.de

ISBN 978-3-86764-703-8

Vorwort

Ein stressfreies Studium wünscht sich fast jeder. Doch es scheint immer schwieriger zu werden, dieses auch tatsächlich zu realisieren. Gerade die Studienzeit ist in vielen Köpfen als „Bummelzeit“, Zeit sich auszuprobieren und Herumhängen an der Uni verankert. Sie will scheinbar so gar nicht mit dem Begriff der Erschöpfung oder gar eines **Burnouts** zusammenpassen.

Die Studienbedingungen haben sich in den letzten Jahren aber stark gewandelt, genauso wie die Herausforderungen im Arbeitsmarkt. Dazu kommen die Erwartungen an den Einzelnen in Familie und Gesellschaft. Auch die Geschwindigkeit des Wissenszuwachses, die Komplexität von Inhalten und die digitale Kommunikation haben sich drastisch verändert.

Verschärfte Prüfungsbestimmungen, Regulierung und Beschränkung der Studienzeit und Anforderungen an konsekutive Masterstudiengänge tragen außerdem dazu bei, Studierende unter vermehrten Stress zu setzen. Für viele Studierende ist es fast normal geworden, ständig am eigenen energetischen Limit zu „surfen“. Nicht wenige haben die Belastung schon in der Schule erlebt und finden sich im Studium in einer Fortsetzung der bekannten Tretmühle. Andere wählen die Möglichkeit, „nebenberuflich“ in den immer häufiger angebotenen berufsbegleitenden Studiengängen zu studieren und setzen sich damit einer extremen Doppelbelastung aus.

Selbst nach dem Studium ist häufig keine Besserung in Sicht, da man sich in der Arbeitswelt einer zunehmend hochqualifizierten, globalen Konkurrenz gegenübersieht. Häufig werden die Strategie „Augen zu und durch“ angewandt und eigene Bedürfnisse und Wünsche zur Seite geschoben. Dies kann erstaunlich lange funktionieren. Junge Menschen haben eine Menge Energie im Speicher. Aber auch diese ist endlich und so sehen sich immer mehr Studierende mit Symptomen konfrontiert, die einem Burnout zuzuordnen sind und wie sie hier im Buch beschrieben werden.

Die zunehmend gefühlte Belastung kann man entweder verdrängen – verschwinden wird sie dadurch nicht – oder genau hinsehen, um festzustellen, wo man eigentlich steht und was man dagegen tun kann. Man kann die Zeichen aber auch als Aufforderung ansehen, sich mit dem eigenen Tun, Denken und Fühlen einmal genauer auseinander zu setzen. Der Test in der Mitte des Buches hilft bei der Standortbestimmung.

So ist das „persönliche Energiemanagement" eine echte Herausforderung für Sie als heutige Studierende. Zu wissen, wer Sie sind, wofür Sie stehen, mit inneren und äußeren Grenzen fertig zu werden und kreative Lösungen zu finden ist eine echte Investition in Ihre persönliche Zukunft. Es geht in diesem Buch daher nicht darum, den eigenen Tagesablauf zu perfektionieren oder Tools zur weiteren Steigerung der eigenen Effizienz zu erlernen, sondern in erster Linie um Sie selbst.

Selbst wenn Sie mitten in einer totalen Erschöpfung stecken, wollen wir Ihnen Mut machen, dies nicht als Endpunkt, sondern als Chance zu persönlichem Wachstum zu sehen.

Wie Sie dieses Buch für sich nutzen:

- Wenn Sie allgemeine Informationen zum Erschöpfungssyndrom, seinen Symptomen und seinen Hintergründen haben wollen, finden Sie diese im **ersten Teil** des Buches unter **„Fakten und Hintergründe zu Burnout"**. Wir haben sie in relativ einfacher Darstellung zusammengefasst.

- Wenn Sie für sich eine Einschätzung haben wollen, ob Sie von Burnout gefährdet sind und in welcher Phase Sie am ehesten stehen, können Sie den **Test** im **zweiten Teil des Buches** machen. Dieser soll Ihnen auch helfen, die weitere Strategie für sich zu entwickeln, die wir im nächsten Teil des Buches vorstellen.
- Im **dritten Teil** finden Sie im Kapitel **„Strategien gegen Burnout"** konkrete Anregungen, was Sie für sich tun können, um gar nicht erst in die Erschöpfung und den Burnout zu kommen. Wir zeigen Ihnen Möglichkeiten und Wege auf, wie Sie Schritt für Schritt aus der Spirale herauskommen können. Dies ist der Kernteil des Buches.

Sie finden darüber hinaus auch Informationen, wenn Sie beschließen, Hilfe von außen annehmen zu wollen. Wir wollen Ihnen aber in erster Linie Anregungen geben, wie Sie Ihre persönliche Resilienz – also Ihre psychische Widerstandskraft – stärken können. Außerdem wollen wir Ihnen Wege zu Prävention und Vorbeugung aufzeigen, damit Sie Ihre Energie gar nicht erst verlieren und so hoffentlich stressfrei(er) durchs Studium kommen. Anregungen also, die darauf warten, dass Sie sie in die Tat umsetzen und Stück für Stück verinnerlichen.

Übung ist dabei notwendig, wie bei allen neuen Verhaltensweisen. Meist müssen wir Menschen etwas 5-mal hören oder lesen, bis wir beginnen, etwas Neues zu versuchen. Im Leben verankert ist es erst, wenn wir es 20- bis 40-mal getan haben.

Gute Gründe, einfach zu starten? Dann beginnen Sie mit dem ersten Schritt!

Viel Freude und Erfolg dabei!

München, im Dezember 2016

Dr. Barbara Krautz und Dr. Heike Schiebeck

Inhalt

Potenzieller Verlauf eines studentischen Burnouts

Springen wir mitten ins Leben hinein! So, wie im folgenden Beispiel, kann sich ein Burnout bei einem Studenten anbahnen:

▶ *Fallbeispiel!*

Lilia, 19 Jahre – „normaler" Verlauf bei Überlastung

Lilia studiert im zweiten Semester im Bachelorstudiengang Internationales Management. Direkt nach der Schule hat sie ein Auslandspraktikum in einem Großkonzern gemacht, das nahtlos in den Studienbeginn überging.

Sie hat schon in der Schulzeit viel Zeit mit Lernen verbracht, viele Nachmittage und auch noch Abende an Hausarbeiten gesessen, Klausuren vorbereitet, Referate erstellt und ist so ganz gut durchgekommen. Abiturschnitt 2,3 – nicht aufregend, aber gut genug. Nach dem Abi dachte sie: „Jetzt wird alles besser! Die Paukerei hat erst mal ein Ende." Nun, ein Jahr nach Studienbeginn fühlt sich Lilia wie im alten Hamsterrad. Sie hat wie zuvor einen engen Stundenplan, arbeitet in der freien Zeit für die nächsten Seminare, lernt vor den Prüfungswellen Nächte durch, geht kaum noch mit Freunden weg, tut sich schwer, Notebook und Tablet auszuschalten. Auch die Yogastunden, die sie so geliebt hat, hat sie weitgehend eingestellt – keine Zeit. Und wenn sie doch hingeht, dann ist es so, als wäre sie gar nicht ganz dabei und kann auch dort nicht abschalten.

Das Fatale dabei ist: Je mehr sie sich anstrengt, umso weniger scheint in ihrem Kopf noch hängen zu bleiben. Sie bekommt mehr und mehr Panik, dass es einfach nicht reicht, was sie tut, dass sie bei den nächsten Prüfungen nicht genug wissen wird. Lilia reagiert, indem sie lieber noch ein bisschen mehr arbeitet, noch mehr private Termine absagt, seit Ewigkeiten nicht mehr beim Clubbing war, nicht tanzen geht. Ihre Kommilitonen werden ihr immer mehr zur Konkurrenz und zur Bedrohung, weil die anscheinend alles so leicht hinbekommen. Sie fühlt sich zunehmend als Versagerin und zieht sich immer mehr zurück. Das soll wenigstens keiner mitbekommen.

Sie schläft schlecht, wacht nachts um drei auf und kreiselt in Gedanken immer um Unithemen, was sie noch machen muss, was sie nicht geschafft hat. Das geht eineinhalb Stunden so, dann schläft sie erschöpft ein und ist morgens um sieben beim Klingeln des Weckers völlig fertig. Nacht für Nacht – seit Wochen. Sie nimmt sich oft nicht mal mehr die Zeit, sich etwas zum Essen zu kochen, schiebt nebenbei irgendetwas hinein, wenn sie den Hunger doch einmal spürt. Wenn jemand sie fragt, was los sei, reagiert sie pampig, sodass kaum noch jemand Lust hat, sie anzurufen.

Lilia ist nicht dumm. Sie sieht sich dabei innerlich über die Schulter und weiß, dass mit ihr etwas nicht stimmt, aber sie kann irgendwie gar nichts dagegen machen. Sie fühlt sich wie in einem Sog. Die Liste der Dinge, die auf sie warten, erscheint endlos. Und seit Kurzem scheint auch ihr Körper nicht mehr so richtig mitzumachen. Ihr wird oft schwindlig und manchmal verstopft sich auch ihr rechtes Ohr und sie hat dieses Dauerpfeifen darin, das sie wahnsinnig macht.

An einem Wochenende ist sie einfach einmal weggefahren, weil eine Freundin sie eingeladen hatte. Bei ihr saß sie dann rastlos am Tisch und war gar nicht ganz anwesend, weil sie das schlechte Gewissen quälte, sich freigenommen zu haben. Als die anderen über Ideen und Wünsche für ihre Zukunft sprachen, wurde ihr klar, dass sie so etwas nicht mehr vor sich sah – eine Zukunft.

Irgendwie war da nur noch der Schreibtisch und die Prüfungswelle und sonst gab es nichts mehr. Sie wurde noch stiller und ging ins Bett. Als sie am nächsten Morgen aufwachte, wusste sie nicht, wo sie war und wie sie dorthin gekommen war. Sie konnte sich nicht entscheiden, irgendetwas zu machen oder irgendetwas zu denken. Sie blieb einfach am Bettrand sitzen, bis ihre Freundin kam und sie ansprach. Dann bekam sie einen Weinkrampf und wusste: „Jetzt gebe ich auf. Ich kann nicht mehr. Ich weiß nicht, wie ich weitermachen soll."

Ihre Freundin begleitete sie am Montag in die psychosomatische Ambulanz, wo sie Hilfe bekam. „Eine Anpassungsstörung und Burnout? Das haben doch nur psychisch gestörte Menschen oder Vollzeitmanager", dachte sie.

So wie Lilia erhalten viele die Diagnose „Burnout". Damit Sie besser einordnen können, ob Sie gefährdet sind, wollen wir Ihnen im Folgenden einen Einblick in das Thema Burnout geben.

Teil 1: Fakten und Hintergründe zu Burnout

Es gibt Wichtigeres im Leben, als ständig dessen Geschwindigkeit zu erhöhen.

Mahatma Gandhi

1 Was ist Burnout?

Burnout als Krankheit gibt es gar nicht. Erstaunlich, denn in den Medien wird doch ständig darüber berichtet! Tatsache ist aber, dass es für Burnout keine einheitliche Definition gibt, keine Symptome, die für alle Betroffenen gleich sind und auch keine Klassifizierung als eigenständiges Krankheitsbild. Gehen Sie zum Arzt und der schreibt Sie wegen eines Burnouts krank, ist auf dem Schein eine andere Hauptdiagnose zu sehen – meist eine aus dem psychischen Umfeld, also eine Depression, eine Anpassungsstörung, eine Angststörung oder eine Nervenschwäche. Burnout kommt nur als Zusatzdiagnose „Probleme mit Bezug auf Schwierigkeiten bei der Lebensbewältigung" vor und ist damit keine eigenständige Krankheit. Deshalb wird das Burnout-Syndrom von deutschen Kassen auch nicht als Krankheit anerkannt.

Das bedeutet natürlich nicht, dass es Burnout nicht gibt. Es erklärt aber, warum es nicht immer einfach ist, Burnout zu erkennen, denn die Symptome sind meist uneinheitlich. So wie Menschen und deren Persönlichkeiten eben auch nicht alle gleich sind und ihre individuellen Situationen, Belastungsfaktoren und Lebensgeschichten verschieden sind.

Die Schöpfer des Begriffs **Burnout** waren in den 1970er-Jahren der amerikanische Psychoanalytiker Herbert Freudenberger und die Sozialpsychologin Christina Maslach (vgl. Freudenberger, 1974). Sie beobachteten an Mitarbeitern sozialer Einrichtungen einen Wandel von glühenden Idealisten zu deprimierten, erschöpften, misstrauischen und leicht reizbaren Zynikern, die ihre Klientel zunehmend gleichgültig und abweisend behandelten. Dieser Zustand stellte sich ein, wenn sich die Betroffenen auf eine Lebensweise oder eine Arbeitsbeziehung einließen, die sie sich ganz anders vorgestellt hatten. Freudenberger sah eine Diskrepanz zwischen Erwartung und Realität als auslösenden Faktor für Burnout.

Während das Burnout-Syndrom früher vor allen Dingen bei sozialen Berufen und Lehrern beobachtet wurde, gab es nach und nach Studien für viele andere Berufe und gesellschaftliche Gruppen, sodass inzwischen feststeht, dass keineswegs nur Menschen in helfender Tätigkeit ausbrennen können.

Im Wirtschaftsleben wird das Burnout-Syndrom als eine mit Stress verbundene existenzielle Krise gesehen, bei der die Arbeit nicht mehr als sinnvolle Aufgabe oder Herausforderung empfunden wird. Als Ursachen werden sowohl Überforderung als auch Unterforderung oder Probleme in der persönlichen Lebensführung genannt. Hinzu kommt als wesentlicher Faktor eine Diskrepanz zwischen **extrinsischer** (von außen ausgelöster) und **intrinsischer** (innerer, eigener) **Motivation**: Anreize wie Einkommen, Status und Macht können kurzfristig das Selbstwertgefühl steigern, verleiten aber zu einer beruflichen Entwicklung und zur Übernahme von Aufgaben, für die die Betroffenen nicht geeignet sind und aus denen sie keine innere Befriedigung schöpfen können.

2 Definitionen

Auch wenn es keine einheitliche Definition von Burnout gibt, gibt es doch Definitionsversuche. Die aus unserer Sicht gelungensten wollen wir Ihnen hier vorstellen. Darüber hinaus haben wir es im Zusammenhang mit dem Burnout-Syndrom mit weiteren Begriffen zu tun, die hier kurz erklärt werden sollen: **Stress**, **Resilienz** und **Vulnerabilität**. Genaueres dazu finden Sie in den jeweiligen Kapiteln.

▶ *Drei Burnout-Definitionen!*

① Das Burnout-Syndrom entsteht durch eine dauerhafte Überforderung der eigenen geistigen und emotionalen Leistungsfähigkeiten, durch Dauerstress ohne ausreichenden Ausgleich. Die Betroffenen haben meist nicht gelernt, mit den eigenen Energieressourcen zu haushalten und wissen oft nur unzureichend, wie man sie wieder auffüllt. Der negative Stress führt zu einer kontinuierlichen Überdosis an Stresshormonen. Es kommt zum Aufbau von Resistenzen gegenüber diesen Stresshormonen und damit einhergehend zu komplexen Mangelzuständen im Hormon- und Nervensystem.

Die natürliche leistungsfördernde Wirkung von Hormonen und Neurotransmittern liegt nur noch in einem eingeschränkten Umfang vor (vgl. Pfeifer, M. – keine Angabe des Erscheinungsjahres).

② Burnout ist ein dauerhafter, negativer, arbeitsbezogener Seelenzustand „normaler" Individuen. Er ist in erster Linie von Erschöpfung gekennzeichnet, begleitet von Unruhe und Anspannung (*distress*), einem Gefühl verringerter Effektivität, gesunkener Motivation und der Entwicklung dysfunktionaler Einstellungen und Verhaltensweisen bei der Arbeit. Diese psychische Verfassung entwickelt sich nach und nach, kann dem betroffenen Menschen aber lange unbemerkt bleiben. Sie resultiert aus einer Fehlpassung von Intentionen und Berufsrealität. Burnout erhält sich wegen ungünstiger Bewältigungsstrategien, die mit dem Syndrom zusammenhängen, oft selbst aufrecht (vgl. Schaufeli W.B. et al., 1998).

③ Das Burnout-Syndrom ist eine prozesshafte Erkrankung. Sie bezeichnet eine Systemerregung aus einer anhaltenden, sich allmählich aufschaukelnden Hyperstressreaktion. Diese leitet einen Auflösungsprozess der psychophysischen Selbstregulation ein (die alle willensunabhängigen Regulationsvorgänge steuert, u. a. das vegetative Nervensystem) und mündet meistens in eine manifeste Depression (vgl. Nelting M., 2010).

Definitionen haben an sich, dass sie versuchen, etwas so kurz und knapp wie möglich darzustellen. Seien Sie also nicht irritiert, wenn Sie jetzt noch keine klare Vorstellung haben, was Burnout sein könnte und ob Sie evtl. davon betroffen sein könnten. Im Kapitel 6 *„Symptome und Verlauf eines Burnouts" (Teil 1)* erfahren Sie mehr darüber.

3 Burnout als Prozessgeschehen

Stress und Burnout sind häufig als Prozess miteinander verbunden. Jeder Mensch, der sich heute in der Lebens- und Arbeitswelt der sogenannten ersten Welt befindet, steht irgendwo auf der Spirale, die Sie in Abb. 1 sehen.

Ein gewisses Maß an Stress ist für uns ganz normal, oft beflügelt er uns sogar. Meist können wir gut damit umgehen: Sie treffen sich nach einem stressigen Tag mit Freunden und können erzählen, was Ihnen auf dem Herzen liegt, bzw. Sie ziehen sich am Ende eines stressigen Tages die Laufschuhe an und laufen um den Park oder See und schalten so ab, wobei Sie durch die Bewegung auch die Stresshormone abbauen. Am Ende einer stressigen Woche gehen Sie feiern und am Wochenende mit Freunden zum Segeln, Skifahren, Radeln oder liegen faul in der Sonne und kriegen so Abstand zum Alltag. In den Semesterferien bleiben Ihnen wenigstens zwei bis drei Wochen, um wegzufahren und mal ganz abzuschalten. So gibt es immer wieder Zeiten, in denen Sie auftanken und so gelassen bleiben können, wenn die nächste Stresswelle Sie erwischt.

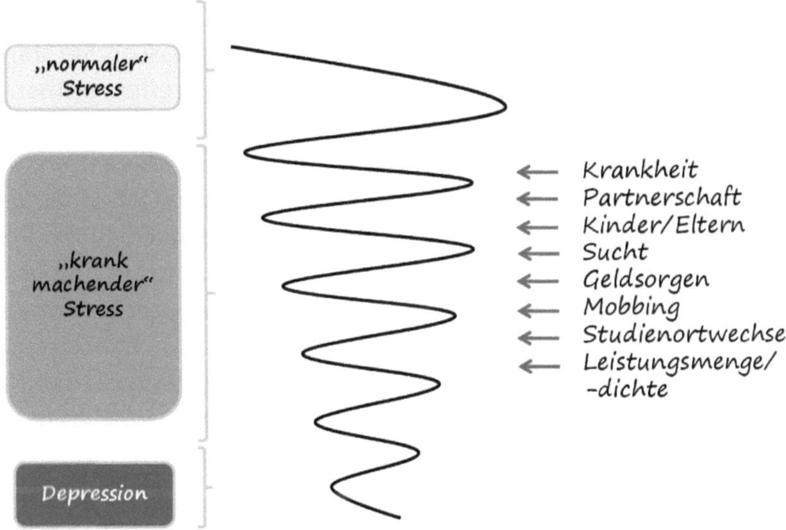

Abb. 1: Burnout als mögliches Prozessgeschehen

Manchmal kommt dann etwas dazu. Das kann zusätzlicher Stress im Studium sein, z. B. eine Prüfungswelle oder eine Konkurrenzsituation zwischen Kommilitonen oder die Angst, keinen Masterstudienplatz zu bekommen. Das können aber auch ganz andere Dinge sein, die mehr im privaten Umfeld liegen, z. B. Ärger mit dem Freund/der Freundin, Geldsorgen, Druck von den Eltern, Probleme mit Alkohol. Es können auch Themen sein, die in Ihnen selbst angelegt sind: z. B. nicht zu wissen, ob man das Richtige studiert oder Angst zu haben, nicht gut genug zu sein. Nicht selten kommen mehrere dieser Faktoren zusammen und addieren sich.

Dann kümmern Sie sich in den Zeiten, die eigentlich Ihre Ruhezeiten sind um diese Dinge. Sie gehen arbeiten, um Geld zu verdienen, Sie lernen bis tief in die

Nacht oder auch am Wochenende weiter, Ihre Gedanken kreisen um Eltern, Freunde, Kommilitonen. Ihre inneren Sorgen und Ängste lassen Sie ständig grübeln. Hier beginnt nach unserer Ansicht Burnout. Sie treffen immer weniger Freunde, ziehen sich immer mehr zurück, entspannen sich immer seltener und bekommen so immer weniger Energienachschub, den Sie bräuchten, um gelassen bleiben zu können. So kommen Sie in ein energetisches Defizit. Anfangs merken Sie dies meist gar nicht, weil Sie viele Reserven haben. Doch die Spirale hat begonnen und wenn Sie sie nicht stoppen, trudeln Sie langsam immer mehr ins Energiedefizit, bis zuletzt Ihr Körper reagiert und Ihnen deutliche Signale sendet oder die Seele SOS funkt. Am Ende der Spirale werden Sie von Panikattacken oder einer Depression gezwungen, endlich Ruhe zu geben. Der Weg bis dahin ist meistens weit und es gibt genug Hinweise, die Sie ernst nehmen sollten. Wenn Sie diese erkennen, haben Sie die Chance, die Spirale anzuhalten und wieder hochzuklettern.

4 Definitionen von Fachbegriffen

Um eine Grundlage für das Verständnis der folgenden Kapitel zu schaffen, möchten wir Ihnen an dieser Stelle die Definitionen einiger wichtiger Fachbegriffe geben.

Abb. 2: Stressreaktion

▶ *Definition!*

Stress (lat. stringere = anspannen)

Stress bezeichnet die durch spezifische äußere Reize (Stressoren) hervorgerufenen psychischen und physischen Reaktionen bei Lebewesen, die zur Bewältigung besonderer Anforderungen befähigen. Zudem ist es üblich geworden, die dadurch entstehende körperliche und geistige Belastung ebenfalls als Stress zu bezeichnen. Die Stressreaktion kann durch stressverschärfende Gedanken noch erhöht werden.

▶ *Definition!*

Resilienz (lat: resilire = zurückspringen)

Unter Resilienz versteht man die psychische Widerstandsfähigkeit, die erforderlich ist, um Belastungen zu verarbeiten und gesund zu überstehen.

Neben Schutzfaktoren, wie Selbstvertrauen oder sozialer und spiritueller Verankerung, ist unter dem Begriff Resilienz auch das gesamte Spektrum der psychosozialen Kompetenz einzuordnen. Zu den resilienzsteigernden Faktoren sind auch erlernte Fähigkeiten, wie Stressbewältigungsstrategien und die Fähigkeit zur Selbststeuerung zu verstehen. Konsequenterweise definieren daher viele Fachleute Resilienz noch umfassender als die Fähigkeit, widrige Lebensumstände und Belastungen nicht nur gesund zu überstehen, sondern auch gereift und ausgerüstet mit neuen Ressourcen daraus vorzugehen.

▶ *Definition!*

Vulnerabilität (lat. vulnus = Wunde)

Vulnerabilität bezeichnet in der Psychologie und Medizin eine individuelle Disposition, d. h. ein Zusammenspiel sozialer, psychischer, organischer, genetischer oder anderer Faktoren, durch die das Auftreten einer Störung begünstigt wird. Der Begriff wird oft synonym verwendet mit herabgesetzter Widerstandsfähigkeit gegenüber Belastungen, die die Person im Zusammenspiel mit ihrer Umwelt erfährt.

5 Medizinische Hintergründe zu Burnout

5.1 Physiologische Ursachen

Es gibt viele Theorien, wie ein Burnout entsteht. Einige kann man schon aus den oben genannten Definitionen erahnen. Als relativ gesichert gilt, dass sich Burnout auf der Ebene des Körpers aus einem Dauerstress- oder Hyperstress-Zustand entwickelt. Daher wollen wir uns das Thema Stress einmal genauer ansehen.

Fangen Sie doch einmal bei sich selbst an und stellen Sie sich die folgenden drei Fragen zu (negativem) Stress:

▶ *Übung!*

Selbstreflexion zu Stress

- Ich gerate in Stress, wenn …
- Wenn ich im Stress bin, dann spüre und fühle ich …
- Ich setze mich selbst unter Stress, indem …

Dabei werden Sie sehen, dass es bestimmte Situationen gibt, die Sie persönlich als stressig empfinden und die sich vermutlich in Ihrem Leben wiederholen. Das kann z. B. immer wiederkehrende Zeitnot sein, Prüfungen, Streit mit Freunden oder Ähnliches. Wenn Sie wissen, welche Situationen es sind, die Sie stressen, können Sie damit arbeiten, indem Sie sich darauf vorbereiten. Sie können versuchen, solche Situationen im Voraus zu entschärfen und sich auch in der Situation noch bewusst werden, dass sie Möglichkeiten haben, anders zu reagieren, als üblicherweise. Hinweise darauf, wie Sie das tun können, erhalten Sie im hinteren Buchteil.

Wie Sie – auch körperlich – Stress empfinden und wahrnehmen ist sehr individuell. Manche Menschen spüren z. B. ihr Herz klopfen oder eine Enge im Brustraum, andere bekommen einen heißen roten Kopf, andere wieder Nacken- und Kopfschmerzen oder Schweißausbrüche und bei manchen zucken Muskeln, ohne dass sie es beeinflussen können. Diese Signale sind Ihre „guten Helfer". Vielleicht sehen Sie sie als ärgerlich an und wollen sie so schnell wie möglich los haben. Dabei können Sie lernen, sie wahrzunehmen und als „Ratgeber" zu sehen, die Ihnen signalisieren: „Hallo, Du bist an einer Grenze angelangt, an der Du dafür sorgen darfst, dass Du gut mit Dir umgehst und runterfährst und auftankst." Dies fällt in den Bereich „Achtsamkeit sich selbst gegenüber entwickeln" hinein.

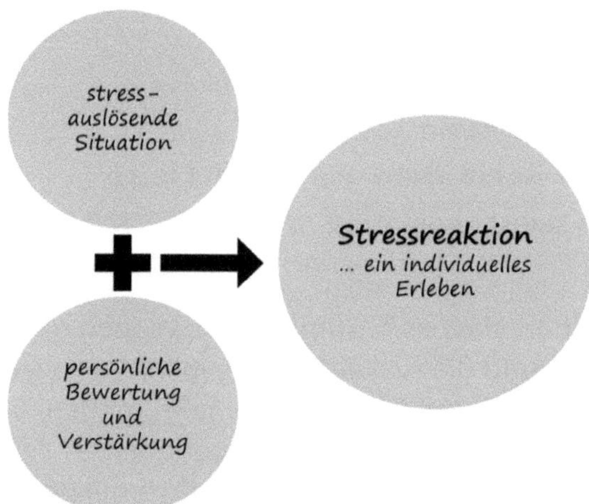

Abb. 3: Drei Aspekte des Stressgeschehens

Die dritte Aussage zeigt Ihnen, wie oft Sie den Stress selbst verstärken, indem Sie nicht nur den objektiven Grund für Ihren Stress sehen, sondern Ihr eigenes Schreckensszenario um diese Situation herumbauen. Dadurch schüren Sie Ihre Ängste und bekommen das Gefühl, die Situation nicht meistern zu können. Jeder von uns trägt solche Gedankenmuster in sich und es lohnt sich, diese genauer zu betrachten, um zu lernen, sie zu verändern. Das geht nicht von heute auf morgen, aber es geht.

Positiver Stress ist gesund

Viele Menschen träumen von einem Leben ganz ohne Stress. Endlich mal keine Termine, Zeit für sich selbst und andere haben, einfach so in den Tag hineinleben. Genau betrachtet ist ein völlig stressfreies Leben aber gar nicht wünschenswert: Positiver Stress (**Eustress**) erhöht die Aufmerksamkeit und fördert die Leistungsfähigkeit unseres Körpers, ohne ihm zu schaden. Eustress motiviert und steigert die Produktivität, zum Beispiel, wenn wir Aufgaben erfolgreich lösen. Die schöne Erfahrung, eine Herausforderung gemeistert zu haben, steigert wiederum das Selbstvertrauen, die nächste Aufgabe genauso gut bewältigen zu können.

Wenn Stress negativ wird

Wie so oft, kommt es auch beim Stress auf die Dosis an: Stress wird erst dann als negativ empfunden, wenn er zu häufig oder zu intensiv auftritt. Negativen Stress (**Disstress**) empfinden wir als bedrohlich und überfordernd. Wir sollen tausend Dinge gleichzeitig tun – und wissen genau, dass wir unsere Aufgaben nicht oder nur mit einem echten Kraftakt schaffen werden.

Wir als Menschen sind für unsere ursprüngliche Lebensweise perfekt vorbereitet gewesen. Ursprüngliche Lebensweise bedeutet die Zeit, in der wir als Jäger und Sammler unterwegs waren und immer wieder in herausfordernde Situationen gekommen sind. Zum Beispiel bei einem Tierangriff:

Bei einer sogenannten Alarmreaktion werden über einen komplizierten Mechanismus Stresshormone ausgeschüttet, die zusammen mit dem **sympathischen Nervensystem** dafür sorgen, dass unser Körper mehr Sauerstoff und Energie bekommt und so darauf vorbereitet wird, zu fliehen oder gegen das Tier zu kämpfen.

Zuerst gelangt ein spezielles Hormon aus dem Hypothalamus im Gehirn zur Hirnanhangdrüse. Diese stimuliert daraufhin mit einem weiteren Hormon die Nebennierenrinde, die **Cortisol** (Stresshormon) ausschüttet. Parallel dazu wird das sogenannte sympathische Nervensystem tätig, das den Körper auf Aktivität einstimmt. Unter Stress veranlasst es das Nebennierenmark, die Hormone **Adrenalin** und **Noradrenalin** auszuschütten. Diese Hormone – auch Katecholamine genannt – aktiveren den Kreislauf und machen uns wach.

Die Hormone bewirken unter anderem Folgendes:

- das Gehirn wird stark durchblutet, wir sind ganz wach
- die Pupillen vergrößern sich, wir sehen fokussierter
- der Atem beschleunigt sich
- das Herz schlägt schneller, der Blutdruck steigt
- die Adern in den großen Muskeln weiten sich, die Muskeln werden besser durchblutet
- der Muskeltonus steigt, die Muskeln spannen sich an
- die Schultern werden hochgezogen (Schutzhaltung)
- das Blut wird aus der Körperperipherie abgezogen (kalte Hände und Füße)
- der Blutzuckerspiegel steigt zur Versorgung von Hirn und Muskeln
- die Milz schwemmt mehr rote Blutkörperchen aus, die den Sauerstoff zu den Muskeln transportieren
- das Blut gerinnt schneller, damit schützt sich der Körper vor Blutverlust
- die Zellen produzieren Botenstoffe, die für die Immunabwehr wichtig sind, falls eine Verletzung droht
- Verdauungs- und Sexualfunktionen gehen zurück, das spart Energie

Abb. 4: Stressreaktion des Körpers

All das benötigten wir, damit wir in dieser Stresssituation überleben konnten. Wenn wir gekämpft hatten oder erfolgreich geflohen waren, dann hatten wir über die körperliche Bewegung die Stresshormone im Körper auch wieder abgebaut und konnten uns anschließend an einem sicheren Ort entspannen. Für diesen Wechsel von Spannung und Entspannung ist unser körperliches System bis heute ausgelegt.

In der Regel regen wir uns nach Stress auch wieder ab. Dabei hilft die eingebaute Stressbremse. Ist nämlich das Stresshormon Cortisol in ausreichendem Maße im Blut vorhanden, merken das bestimmte Rezeptoren im Drüsensystem und im Gehirn. Daraufhin stoppt die Nebennierenrinde die Produktion von weiterem Cortisol. Das **parasympathische Nervensystem** – der Teil des Nervensystems, der unseren Körper zur Ruhe kommen lässt, wird aktiv. Wir werden wieder ruhiger und entspannen uns.

Unsere Umwelt hat sich inzwischen drastisch verändert, wobei wir Menschen immer noch die gleiche Physiologie haben, wie unsere Vorfahren. Wir bauen unsere Stresshormone weniger häufig ab, weil wir uns weniger bewegen. Und wir haben keine Stressspitzen mehr, wir leben im Dauerstress.

5.2 Langfristige Umbauprozesse im Körper

Wo sitzen unsere heutigen „Säbelzahntiger"? Eine Klausur jagt die andere, eine Hausarbeit nach der anderen will geschrieben werden, die Eltern nerven, die Freunde wollen Zeit und Aufmerksamkeit, das Smartphone erfordert ständige Beachtung. Der Körper ist auf Flucht eingestellt, will vor der Situation davonlaufen und kann es doch nicht. Die Entwarnungsphasen fallen weg und man ist ständig in Alarmbereitschaft. Wie bei einem Auto, das ständig auf Hochtouren läuft, macht das auch unser Körper nicht allzu lange mit.

Was passiert in unserem Körper, wenn der Stress nicht mehr aufhört? Dies sind einige Zeichen, die sich einstellen können (aber längst nicht alle):

- dauerhaft erhöhter Blutdruck
- Herz- und Kreislaufprobleme bis hin zu Herzinfarkt und Schlaganfall
- Daueranspannungen, vor allem im Nackenbereich
- Herzklopfen ohne körperliche Anstrengung
- häufiges Schwitzen ohne körperliche Anstrengung
- erhöhte Anfälligkeit für Infektionen (z. B. grippale Infekte)
- Spannungskopfschmerz und Migräne

- Hörsturz und Tinnitus (Ohrgeräusch)
- unkontrollierbares Muskelzucken (Tics)
- Verdauungsprobleme (Durchfälle, Verstopfungen)
- Verminderung/Verlust des sexuellen Interesses
- Ein- und Durchschlafstörungen
- manche Diabeteserkrankungen
- neurologisch unerklärbare Schmerzsyndrome und Rückenschmerzen

Bevor man alles auf den Stress schiebt, sollte man aber immer die Symptome durch den Arzt abklären lassen. Inzwischen werden manche Erkrankungen (z. B. der Schilddrüse oder der Niere) übersehen, weil Stress als Selbstdiagnose gestellt wird und nicht nach möglichen anderen Ursachen geforscht wird. Wenn körperlich nichts gefunden wird, kann man natürlich mit der Ursache Stress weiterarbeiten.

Schauen wir uns noch das Gehirn an. Was passiert dort bei Stress? Bei einer Alarmreaktion unterstützt ein Hormon das Gehirn zunächst dabei, neue Nervenbahnen zu bilden und alte Nervenverschaltungen stabiler zu machen. Das ermöglicht eine angemessene Stressbewältigung. Je dauerhafter aber der Stress wird, umso mehr werden Nervenverschaltungen im Gehirn destabilisiert und Sie können so zum Teil nicht einmal mehr auf Strategien zurückgreifen, die Ihnen in der Vergangenheit geholfen haben. Außerdem werden einige Bereiche im Gehirn unter Dauerstresshormonbeschuss beeinträchtigt. Sehr vereinfacht gesagt beginnen Sie dann

- auch auf kleine Ärgernisse hin Ihr Leben insgesamt als negativ und erfolglos zu bewerten (**frontaler Cortex**),
- mit Angst und Wut zu reagieren und sich von Kontakten zurückzuziehen (**Amygdala**),

- keine Entscheidungen mehr treffen zu können, die eigene Kreativität zu verlieren und sich nachts lange grübelnd schlaflos herumzuwälzen (**cingulärer Cortex**),
- sich Dinge nicht mehr merken zu können (**Hippocampus**).

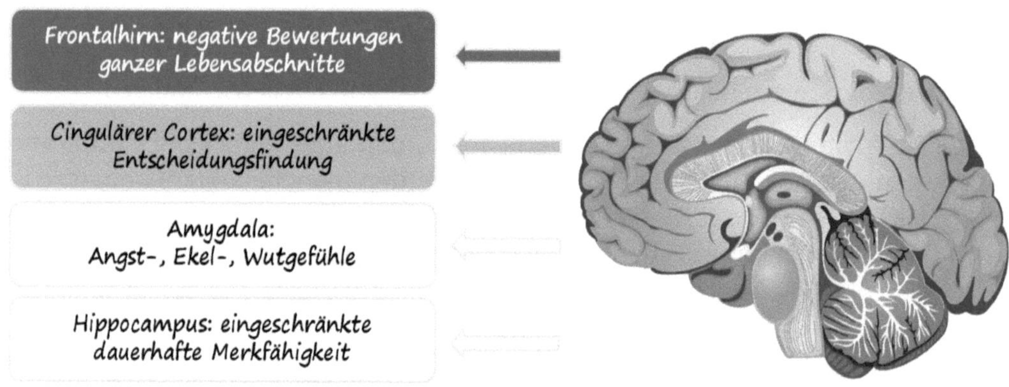

Abb. 5: Vom Dauerstress zum mentalen Verschleiß

Dies sind alles Reaktionen, die Sie bei der Beschreibung der Symptomatik des Burnout-Syndroms wiederfinden werden.

Können sich Veränderungen im peripheren Körper und im Gehirn auch wieder zurückbilden? Die meisten ja, aber es dauert. Gefäßschäden, die unter Dauerstress entstehen, bilden sich häufig nicht mehr ganz zurück – je nachdem, wie weit der Prozess schon fortgeschritten ist, und auch Nervenverschaltungen im Gehirn brauchen lange Zeit, um sich wieder neu zu organisieren. Das erklärt auch, warum Menschen nicht nach einer kurzen Erholungsphase wieder „fit" sind, sondern oft für lange Zeit ausfallen, wenn sie erst einmal zu tief im Burnout stecken.

6 Symptome und Verlauf eines Burnouts

Nachdem Sie schon einige Kennzeichen von Dauerstress kennengelernt haben, schauen wir uns jetzt einige „typische" Verläufe an. „Typisch" steht in Anführungszeichen, weil es keinen einheitlichen Verlauf gibt. Nicht jeder muss jedes Symptom entwickeln oder durchlaufen und auch die Phasen, die Sie im Folgenden finden, werden keineswegs immer in der genannten Reihenfolge durchlaufen. Es existieren in der Praxis bis zu 130 (!) mehr oder weniger relevante Symptome für das Burnout-Syndrom, sodass wir uns hier auf die gängigsten beschränken.

Zu Beginn eines Burnouts fühlen sich viele Betroffene meist alles andere als krank. Im Gegenteil: Man ist stark, aktiv, sprüht vor Ideen und leistet freiwillige Mehrarbeit. Man hat den Eindruck, unentbehrlich zu sein und einfach nie mehr richtig Zeit zu haben. Die zwischenmenschlichen Kontakte bleiben auf der Strecke – erst die zu Bekannten und Freunden, später auch zu den engsten Verwandten und Partnern. Misserfolge und Enttäuschungen werden einfach nicht mehr wahrgenommen, geschweige denn daraus Konsequenzen gezogen.

Früheste Anzeichen sind **Durchschlafstörungen und Früherwachen**. Abends ist man total müde und schläft sofort ein. Aber nachts gegen 3 bis 4 Uhr wacht man plötzlich auf – häufig nicht ganz, sondern nur so weit, dass man anfangen kann, zu denken. Im Zentrum der Gedanken steht meist ein Thema, das bei Tageslicht besehen meist gar nicht so relevant ist. Aber darüber denkt man wieder und wieder nach, kreiselt immer um das Thema herum und kann nicht aufhören zu denken. Meist schläft man nach ca. einer Stunde doch wieder ein, nur um sich beim Weckruf zwei Stunden später wie erschlagen und müde zu fühlen. Dieses Symptom nennt man auch **Gedankenenge**.

Es handelt sich dabei um eine Störung der Tiefschlafphase, in der normalerweise die Inhalte des „Tagesgedächtnisses" in die Speicherregionen des Gehirns überführt werden. Wenn diese Phase gestört ist, dann leert sich unser Tagesspeicher nicht mehr und ist demzufolge am nächsten Tag auch nicht mehr so aufnahmefähig.

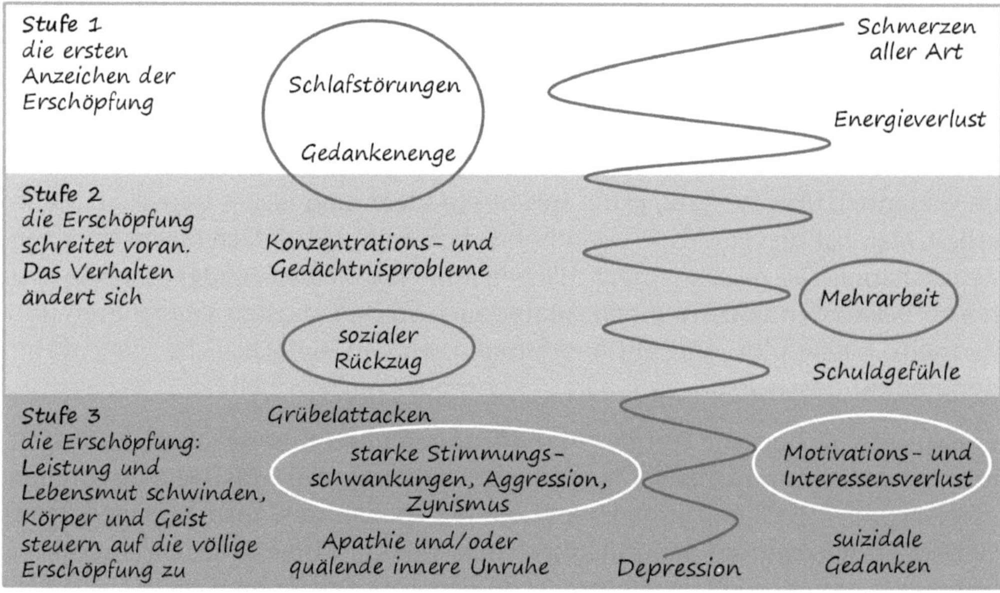

Abb. 6: Die Erschöpfungsspirale – adaptiert nach M. Burisch

Viele Menschen haben dieses Symptom in stressigen Phasen und meist hält es nur ein paar Nächte an. Wenn es länger andauert, darf man ihm aber Aufmerksamkeit schenken, denn ein Burnout kann so beginnen.

Weitere frühe Symptome sind:

- vermehrtes Engagement für bestimmte Ziele
- Hyperaktivität = Man arbeitet nahezu pausenlos. (Verzicht auf Erholungs- und Entspannungsphasen)
- Nichtbeachten eigener Bedürfnisse
- das Studium wird zum fast ausschließlichen Lebensinhalt
- Verdrängen von Misserfolgen

In der zweiten Stufe beginnt erst die eigentliche emotionale Erschöpfung.

Der Raubbau an den Energiereserven macht sich bemerkbar. Müdigkeit und Energieverlust werden spürbar und man merkt, dass man sich nicht mehr so recht konzentrieren kann. Zudem mangelt es an Erfolgserlebnissen. Die Diskrepanz zwischen Anforderung und Leistung nimmt der Betroffene als persönliche Ineffektivität bzw. Ineffizienz wahr.

Das löst Angst aus. Angst, seine Aufgaben nicht mehr zu schaffen, das Tempo nicht mehr durchzuhalten, Angst, die anderen könnten etwas davon bemerken. Meist reagiert man darauf mit noch mehr Arbeit und Zeitaufwand für die Aufgaben. Man zieht sich von Freunden noch weiter zurück. Zum einen will man sie nicht mit seinen Sorgen belasten, zum anderen werden diese Kontakte im Vergleich zu der wichtigen Aufgabe, die man bewältigen muss, einfach in der Priorität zurückgestellt. „Ich muss nur noch diesen Schritt schaffen, dann habe ich ja wieder Zeit“ oder „ich verpasse nichts, denn die Treffen mit den Freunden laufen ja doch immer gleich ab, also lerne ich lieber“ oder „es kann sich ja doch keiner vorstellen, was bei mir gerade alles abgeht, da gehe ich lieber allein durch“ oder „mir ist das zu anstrengend, ich verbringe meine Zeit lieber sinnvoll mit mir allein“ – all das sind Gedanken, die auftauchen können, wenn man sich zurückzieht.

Betroffene stellen oft eine Distanz zwischen sich selbst und anderen her. Das äußert sich in einer zunehmenden Gleichgültigkeit und teilweise zynischen Einstellung gegenüber diesen Personen. Man lässt die Probleme und Nöte der Bezugspersonen nicht mehr an sich herankommen und konzentriert sich auf den sachlichen Aspekt der Beziehung. Diesen Prozess nennt man auch **Depersonalisierung**.

Das Symptom des sozialen Rückzugs merken häufig die anderen früher als wir selbst. Anfangs gehen einem die Anrufe der anderen vielleicht auf die Nerven, die fragen, ob man nicht mal wieder etwas gemeinsam machen möchte. Später bleiben sie zunehmend aus und oft fällt einem das dann gar nicht mehr auf – wird man doch endlich in Frieden gelassen und muss sich nicht auch noch um die anderen kümmern oder sich seine wichtige Zeit von ihnen stehlen lassen.

Wir Menschen sind soziale Wesen und auf Kontakt und Austausch angewiesen. Wir brauchen andere, die uns zuhören, bei denen wir auch einmal schwach sein dürfen, ein Umfeld, dem wir uns zugehörig fühlen können und auch die Anregungen und Inspirationen, die im Kontakt mit anderen Menschen entstehen, sonst kreisen wir bald nur noch um uns selbst.

Genau das geschieht in der nächsten Stufe des Burnouts: Die Gedanken kreiseln auch tagsüber immer mehr um alles, was als Belastung empfunden wird, um das eigene Gefühl der Ohnmacht. Innere Unruhe und Rastlosigkeit, gepaart mit dennoch ineffektivem Verhalten herrschen vor. Man kann regelrechte Grübelattacken haben und nicht selten denkt man: „Ich komme da gar nicht heraus." – „Ich weiß gar nicht, was ich dagegen tun soll." – „Ich fühle mich wie ferngesteuert."

Auch Gefühle verschwinden immer mehr. Viele Burnout-Betroffene haben keine Wünsche mehr, können sich nicht mehr freuen, nicht mehr träumen. Sie interessieren sich für nichts mehr richtig. Auch Dinge, die ihnen früher Spaß gemacht haben, werden uninteressant. Selbst wenn sie überraschend freie Zeit bekommen, sitzen sie oft ratlos da, weil sie keine Idee haben, was sie damit anfangen sollen. Ein allgemeiner Motivations- und Interessensverlust breitet sich aus.

Spätestens in dieser Phase (häufig aber auch schon früher) beginnt sich die Persönlichkeit von Betroffenen zu verändern. Aus bis dahin freundlichen, zugewandten Menschen werden aggressive Leute, die Freunde, Eltern oder Geschwister anschreien und bei geringstem Anlass ausrasten. Meist tut es einem sofort leid und doch kann man nicht aussteigen aus diesem Mechanismus der gefühlten permanenten Überforderung. Man hat keinen Zugriff mehr auf andere Verhaltensmöglichkeiten und verliert dadurch auch noch den Respekt vor sich selbst. All dies führt zu einer Verschlechterung des Selbstwertgefühls und der Laune. Kein Wunder, dass sich die Umwelt als Reaktion zunehmend zurückzieht. Wichtig ist dabei zu wissen, dass Burnout-Patienten per se keine negativ eingestellten Menschen sind, sondern einfach in dieser Phase keine anderen Reaktionsmöglichkeiten mehr haben.

Am Ende all dieser Stufen kann ein Zustand stehen, der einer **Depression** entspricht – das Leben ist grau geworden, man selbst fühlt sich nur noch als Hülle, als funktionierende Maschine. Manche Betroffene haben Selbstmordgedanken – auch, wenn sie häufig gut verdeckt sind. Sie würden sich nie als suizidgefährdet bezeichnen, fahren aber mit dem Rad bei Rot über die Ampel und hoffen, ein Auto möge sie anfahren, „damit ich einen Grund hätte, aus all dem auszusteigen". Spätestens hier sollte der Zustand genau wie eine klassische Depression behandelt werden, auch wenn der Entstehungsweg anders aussieht.

Bei anderen Klienten zeigen sich ganz andere psychische Symptome – z. B. **Angst- und Panikattacken**. Diese treten meist deutlich früher auf als die depressive Reaktion und erfordern ebenfalls eine spezifische Behandlung.

Viele, aber weitaus nicht alle Betroffenen entwickeln körperliche Symptome, wie Ohrgeräusche oder Schlafprobleme. Der Körper reagiert häufig früh und wirkt als „Sprachrohr“. Burnout wird von den Betroffenen gerne lange verdrängt. Man gesteht sich nicht ein, an einer Grenze angelangt zu sein. Männer tun sich hiermit meist noch schwerer als Frauen. Die körperlichen Symptome sind häufig die einzige Möglichkeit, Betroffene zur Ruhe zu zwingen. Sie bieten eine willkommene „Ausrede“, um sich nicht eine „psychische Schwäche“ eingestehen zu müssen. Denn „psychisch krank“ wird von vielen Menschen nach wie vor als Stigma empfunden – obwohl inzwischen fast jeder zweite Mensch im Laufe seines Lebens einmal psychisch erkrankt. Wenn ich „nur ein Ohrgeräusch“ habe oder „nur die Bandscheiben verrutscht sind“, muss ich nicht weiter über meine Belastung und Situation nachdenken und habe eine gute Begründung, mir eine Auszeit nehmen zu können. Eine Auszeit allein ist allerdings meist nicht die Lösung.

Chronische Schmerzzustände ohne körperliche Befunde kommen nicht selten vor. Hier ist die Abgrenzung zu einem chronischen Müdigkeitssyndrom schwierig, auf das wir hier nicht vertiefend eingehen wollen. Das ist Sache des Experten. Zum Thema Abgrenzung von anderen psychischen Diagnosen finden Sie weitere Informationen im → Kapitel *8 „Angst und Depression als Symptome eines Burnouts – eine Abgrenzung“ (Teil 1)*.

Wie schon eingangs erwähnt, durchlaufen durchaus nicht alle Burn-out-Patienten alle Stadien und nicht unbedingt in der genannten Reihenfolge. Es gibt Menschen, die von der Stufe 1 mit Hyperaktivität und vollem Brennen direkt in die Phase des totalen Zusammenbruchs wechseln, ohne die Zwischenstufen durchlaufen zu haben. Man denke z. B. an den Fernsehkoch Tim Mälzer, der nach einer hochenergetischen Kochsendung einen totalen Zusammenbruch erlitt. Andere halten sich über Jahre hinweg in einer der Zwischenphasen. Zu wenig, um „auszusteigen", zu viel, um ein erfülltes Leben zu leben. Es ist und bleibt ein Puzzlespiel, will man ein Burnout diagnostizieren.

7 Diagnostik

Wir erleben es immer wieder, dass Burnout-Betroffene und ihre Angehörigen nach der ultimativen Diagnostik fragen. „Habe ich einen Burnout oder nicht?" Nach unserem heutigen Wissensstand gibt es diese eindeutige Diagnostik nicht. Das ergibt sich schon aus der bunten und heterogenen Symptomatik und der nicht festgelegten wissenschaftlichen Definition von Burnout. Es ist immer wieder wie ein Puzzlespiel, Burnout zu diagnostizieren. Der Weg dahin ist durch Ausschlussdiagnosen gekennzeichnet, durch eine Einschätzung der individuellen Geschichte. Psychologische Tests unterschiedlicher Ansätze und körperliche Untersuchungen, z. B. die Erhebung eines Immunstatus und Neurotransmitterprofile können dieses Puzzle ergänzen. Am Ende bleibt eine individuelle Einschätzung und auch Experten unterschiedlicher Schulen sind sich hier alles andere als einig. Von der Einstellung „jeder Burnout ist eine Depression" bis hin zu „Burnout ist eine reine Modeerscheinung" sind alle Extreme vertreten.

Hinsichtlich der Diagnosefindung kommen häufig folgende Verfahren zum Einsatz:

- MBI (**Maslach Burnout Inventory**) (Test)
- HRV (**Herzratenvariabilität**)
- **Neurotransmitterprofile**
- **Entzündungsparameter**
- **Langzeit-Blutdruckmessung** und -EKG

8 Angst und Depression als Symptome eines Burnouts – eine Abgrenzung

Sie haben weiter oben bereits gesehen, dass im fortschreitenden Verlauf eines Burnouts Angst und Depressionen auftreten können. Wir möchten Ihnen über einige dieser psychischen Symptome Hintergrundinformation geben, denn es gibt gute Strategien dagegen. Angst tritt meist in einer mittleren und Depression in einer sehr fortgeschrittenen Phase eines Burnouts auf.

Angst lässt sich als Grundgefühl – ein unangenehmer Gefühlszustand – beschreiben. Sie zeigt sich in bedrohlich empfundenen Situationen, wie z. B. vor Beginn einer Klausur oder Prüfung, wenn man unruhig ist, besorgt. Sie wird durch eine vage unklare Bedrohung ausgelöst, z. B. die Möglichkeit des Durchfallens. Andere Auslöser können Bedrohungen der körperlichen Unversehrtheit, Verlust der Selbstachtung oder ein zunehmend negatives Selbstbild sein. Wenn durch Angst das eigene Verhalten gelähmt wird oder man Situationen häufig nicht mehr kontrollieren kann, so spricht man von einer **Angststörung**. Es werden verschiedene Typen von Angststörungen unterschieden:

- Panikattacken
- Phobien
- Generalisierte Angststörungen
- Zwangsstörungen
- Posttraumatische Belastungsstörungen

Im Folgenden finden Sie die Kennzeichen der verschiedenen Angststörungen kurz beschrieben.

8.1 Panikattacken

Panikattacken erkennt man daran, dass immer wieder plötzliche Panikzustände auftreten, die sich nicht auf spezifische Situationen beschränken und auch nicht vorhersehbar sind. Meist gehen sie einher mit Herzklopfen, Herzrasen oder unregelmäßigem Herzschlag. Weitere körperliche Reaktionen sind Zittern, Schwitzen und Schwindel. Da diese Situationen plötzlich und unberechenbar auftreten, entsteht daraufhin eine **Angst vor der Angst**. Die Beschwerden während eines Angstanfalls lassen den Betroffenen oft denken, dass etwas Gefährliches oder sogar „Lebensbedrohliches" im Körper vorgeht und dass er rasch Hilfe benötigt. Eine Panikattacke dauert in den meisten Fällen 10–30 Minuten.

Das hier dargestellte Fallbeispiel eines Studenten soll deutlich machen, welche Auslöser es für eine Panikattacke geben kann, wie deren Verlauf ist und wie es gelingen kann, sich aus eigenem Antrieb und mit eigenen Techniken wieder davon zu befreien.

▶ *Fallbeispiel!*

Alexander, 22 Jahre –
Angststörung eines Studierenden

„Ich war gerade 20 Jahre alt geworden und hatte eine kaufmännische Ausbildung erfolgreich abgeschlossen. Das Arbeiten in einem großen Industriebetrieb machte mir großen Spaß, dabei hatte ich hohe Erwartungen und Leistungsansprüche an mich selbst. Am Ende meiner Ausbildungszeit leitete ich ein größeres Projekt und schrieb meine Abschlussarbeit darüber. In dieser Zeit fühlte ich mich körperlich, geistig und mental überdurchschnittlich gut. Ich strebte nach meiner Ausbildung ein Studium der Betriebswirtschaft an und holte daher in einem Jahr mein Abitur nach. Vor Antritt meines Fachabiturs hatte ich 8 Wochen Freizeit. Ich verbrachte die Zeit damit, mich zu erholen und mehr Sport zu treiben, doch schon in den ersten Wochen fühlte ich mich körperlich unwohl. Ich konsultierte meinen Hausarzt und beschrieb ihm die Symptome wie Unwohlsein in der Magengegend, körperliche Verspannungen und innere Anspannung.

Ich unterzog mich einer gründlichen Untersuchung mit EKG, Blutbild usw., die keine Anhaltspunkte für eine Erkrankung gaben. In der gleichen Zeit erlebte ich eine Notfallsituation mit meiner Mutter, die aufgrund einer ungeklärten Bluthochdruckproblematik und Verdacht auf Schlaganfall mit dem Krankenwagen ins Krankenhaus eingeliefert wurde. In diesem Moment hatte ich große Angst, meine Mutter könnte sterben. Es herrschte eine angespannte Stimmung in unserer Familie.

In der darauffolgenden Woche war ich abends mit meinen Freunden unterwegs. Beim Anstehen für den Kauf eines Getränks bemerkte ich plötzlich Sehstörungen mit Schwindel und eine Fallneigung nach links bei mir. Wie ich heute weiß, war das der Beginn der ersten Panikattacke. Ich musste mich hinsetzen. Beim Versuch aufzustehen, trat der Schwindel wieder auf. Ich hatte Herzrassen und meine Angst steigerte sich zur Panik. Ich fühlte mich wie unter Drogen, mein Herzschlag explodierte förmlich, tausend Gedanken gingen mir durch den Kopf. Am gleichen Abend noch unterzog ich mich einer Untersuchung im Krankenhaus. Der Verlauf der Untersuchung auf der Aufnahmestation war unauffällig, die Schwindelsymptomatik war inzwischen vollständig abgeklungen. Die umfangreiche neurologische Untersuchung zeigte nichts Auffälliges. Lediglich eine Fehlfunktion meiner Schilddrüse wurde vermutet, was nochmals für Tage Angst in mir auslöste, bis der Hausarzt sie nach einer weiteren Blutuntersuchung widerrief.

Ich fühlte mich nach dieser Entwarnung körperlich und mental wieder fit und konnte auch wieder wie gewohnt am Schulalltag teilnehmen, bis mich erneut aus heiterem Himmel in der Schule während des Unterrichtes die nächste Panikattacke überfiel. Ich hatte Schwindel, Atemnot und Herzrasen, die Angst steigerte sich zur Panik. Erst als ich wieder zu Hause war, normalisierten sich meine körperlichen Funktionen. In den darauffolgenden Wochen wiederholten sich die Panikattacken immer und immer wieder. Nun begann für mich eine Tortur. Ich ging von Arzt zu Arzt, ohne dass meine Leiden anhaltend gemildert wurden und unterzog mich auch für 2 Monate einer Psychotherapie, bei der ich mich unverstanden und nicht ernst genommen fühlte und sie daher abbrach. Mein bisheriges Körpergefühl ist mir in dieser Zeit völlig verloren gegangen. Ich traute mich nicht mehr, mich sportlich zu betätigen und mich mehr als notwendig körperlich zu bewegen.

Meinen sozialen Umgang vernachlässigte ich zunehmend. Das Haus zu verlassen war nur unter schwerster Anstrengung für mich möglich. Ich war nur noch mit mir und meinen körperlichen Symptomen beschäftigt.

Irgendwann hörte ich von Angst- und Panikattacken, jedoch konnte ich bis zu diesem Zeitpunkt noch nichts damit anfangen. Fast ein ganzes Jahr versuchte ich, vor meinen Gefühlen wegzulaufen, sie zu ignorieren.

Unter schwersten Bedingungen lernte ich damit umzugehen, aber meine Lebensqualität war am Boden. Selbst in diesem Zustand des Auf und Ab bestand ich mein Abitur und entschied mich für ein Studium fernab von meiner gewohnten Umgebung verbunden mit der Hoffnung, nun alles hinter mir zu lassen und in der neuen Umgebung neu anzufangen. Die ersten 2–3 Wochen bin ich mit der Situation gut klar gekommen. Doch die neuen Lebensumstände führten zu erneuten Stresssymptomen, sodass ich mich nicht mehr auf mein Studium konzentrieren konnte. 90% meiner Gedanken galten wieder nur meiner Angst bzw. Panik.

Nach 3 Monaten gestand ich mir selber ein, dass ich unter diesen Umständen das Studium nicht fortsetzen konnte und ich brach es ab. Nach einem langen Leidensweg fanden meine Eltern und ich einen guten Arzt, der eine Agoraphobie mit Panikattacken diagnostizierte. Endlich hatte mein Zustand einen Namen! Nun sah ich eine Chance, meine Symptomatik zu begreifen, mein Leben zu überdenken und neu zu gestalten. Ich verschlang regelrecht Bücher über Angst- und Panikattacken, die mir das Thema und meine Problematik näherbrachten. Eines Tages wachte ich morgens auf und hatte das Bedürfnis zu laufen. Die nächsten Wochen lief ich ohne Tempo, dann wagte ich es, etwas schneller zu joggen. Zunächst 3 km, dann 5 km, bis ich schließlich wie früher 10 km joggen konnte. Durch die körperliche Bewegung bekam ich wieder Vertrauen in meinen Körper.

Dann fasste ich auch selbst den Entschluss, mich nicht mehr zu bemitleiden. Ich wollte mein Leben Schritt für Schritt wieder selber in die Hand nehmen. Ab diesem Zeitpunkt wusste ich, dass ich es schaffen werde.

Ich nahm mir ein Jahr Auszeit und machte eine Bestandsaufnahme meines Zustands. Ich wusste, welche Veränderungen ich erreichen wollte und setzte mir Ziele. Ein Ziel bestand darin, sportlich wieder fit zu werden; ein anderes Ziel war, Panikattacken zu akzeptieren und sie zu handhaben.

Ein weiteres Ziel war es, mit Stress umzugehen und diesen abzubauen: Durch Joggen und Schwimmen baute ich mich körperlich auf. Am Anfang bekam ich oft Panikattacken beim Joggen, aber ich lernte durchzuhalten und das Gefühl der Panik zu akzeptieren, bis es gar nicht mehr auftrat. Einen weiteren großen positiven Einfluss hatte meine Familie, die stets an meiner

Seite war und deren Gespräche mich immer und immer wieder aufbauten und mir einen Rückhalt gaben. In dieser Zeit lernte ich einen Mann kennen, der mit der gleichen Problematik zu kämpfen hatte. Auch die Gespräche mit ihm gaben mir viel Kraft, meine Symptome zu akzeptieren und weiter an meinen Zielen zu arbeiten. Das Wissen, dass ich nicht alleine auf dieser Welt mit diesen Problemen zu kämpfen hatte, half mir. Durch geeignete Meditationen habe ich gelernt, mich mit meinen Emotionen und Gefühlen auseinanderzusetzen. Ich konnte meine Angst besser beschreiben und eine Richtung meiner Angst erkennen.

Man benötigt viel Geduld auf dem Weg zum Ziel. Misserfolge wird es immer geben, wichtig ist es, wieder aufzustehen und weiterzukämpfen. Ich habe diesen Kampf nie aufgegeben und immer weiter an mein Ziel geglaubt. Mein Studium habe ich inzwischen wieder aufgenommen. Ich habe nicht nur meine Lebensqualität zurückgewonnen, sondern habe diese sogar gesteigert. Ein Zitat von Henry Ford begleitet mich seither: „Ob du glaubst, du kannst es oder du kannst es nicht: In beiden Fällen hast du recht."

8.2 Phobien

Sie sind die häufigste Form von Angststörungen. Darunter ist eine unangemessene Furcht vor einem spezifischen Objekt, z. B. einer Schlange oder einer Situation, z. B. Flugangst oder einer Prüfungssituation, zu verstehen. Weder „die Schlange" oder „der Flug" stellen eine tatsächliche Gefahr dar, lösen aber bei der betroffenen Person ein ausgeprägtes Vermeidungsverhalten aus. Diese Art von Phobie wird dem Bereich der **spezifischen Phobien** zugeordnet. Als weitere phobische Störung gilt die Furcht vor sozialen Situationen, in denen eine Konfrontation mit unbekannten Menschen stattfinden könnte oder vor Leistungssituationen, bei denen die Gefahr besteht, im Zentrum der Aufmerksamkeit zu stehen und bewertet zu werden.

In solchen Situationen fürchtet der Betroffene, dass er beim Kontakt mit anderen Menschen deren Urteil und möglichen negativen Bewertungen ausgesetzt wäre. Außerdem hat er Angst, dass er selbst sich „falsch" verhalten könnte und so eine demütigende oder peinliche Situation erleben könnte. Daher wird alles getan, um sich der Bewertung anderer zu entziehen. So werden z. B. Restaurantbesuche, Partys, öffentliches Sprechen oder sogar Familienfeste gemieden und auch Abstand zu Kommilitonen gehalten. Vor Prüfungssituationen erfolgt eine kurzfristige Krankschreibung. In solchen Fällen spricht man von **sozialen Phobien**.

8.3 Generalisierte Angststörungen

Die meisten Menschen machen sich hin und wieder Sorgen über mögliche Bedrohungen; bei manchen wird diese Besorgnis jedoch chronisch, exzessiv und unvernünftig. Das zeigt sich durch furchtsame Erwartung von Ereignissen, die eintreten könnten. Die Betroffenen fokussieren dabei immer mehr auf die angstauslösenden Gedanken und beschäftigen sich immer häufiger damit. Diese Gedanken können die Aufmerksamkeit von der gerade zu erledigenden Tätigkeit ablenken, was zu Fehlern führt, die wiederum als Katastrophe interpretiert werden („Nicht einmal das schaffe ich, ich versage als Student völlig"). Wie in einem Teufelskreis werden nun die Sorgen, Angstgefühle und körperlichen Stressreaktionen aufrechterhalten. Dieser Kreislauf kann nur schwer durchbrochen werden. Wenn die befürchtete Katastrophe nicht eintritt, ist der „Grübelkreislauf" zwar kurzfristig unterbrochen, wird beim nächsten Mal aber wieder aktiviert, denn „besser, sich einmal zu viel sorgen und nichts passiert, als sich nicht sorgen und die Katastrophe wäre eingetreten". Überall werden Gefahren gesehen!

Diese Befürchtungen betreffen im Allgemeinen drei oder mehr Lebensbereiche (z. B. Studium, Partnerschaft, Finanzen) und dauern über mindestens 6 Monate an. Die Angst muss sich dabei auf mehrere verschiedene Ereignisse oder Aktivitäten beziehen. Davon Betroffene zeichnen sich durch ängstliche Erwartung, chronische Anspannung, Sorge, diffuses Unwohlsein, Mutlosigkeit und Schwierigkeiten bei der Entscheidungsfindung aus. Sie sind ständig auf das Auftauchen negativer Ereignisse vorbereitet und haben das starke Gefühl, die Besorgnis nicht kontrollieren zu können. Wenn sie eine Entscheidung getroffen haben, sorgen sie sich endlos über mögliche Folgen und Fehler sowie damit verbundene unvorhergesehene Umstände. In der Folge entsteht eine übermäßige Angst, dass sich die Entscheidung als falsch herausstellt und zu einer Katastrophe führen muss. In solchen Fällen handelt es sich um eine generalisierte Angststörung. Bei Studenten äußert sich diese Art der Angststörung z. B. in einer übertriebenen Sorge darüber, was der Dozent oder die Kommilitonen von einem denken könnten. Häufig ist auch die Angst vor schlechten Noten oder die Sorge, die Bachelorarbeit nicht rechtzeitig fertigstellen zu können.

8.4 Zwangsstörungen

Auf der großen Piazza nicht auf die Linien der Pflastersteine treten zu „dürfen" oder die Blätter der Ablagestapel mit exakt gleicher Blattzahl akkurat nebeneinander platzieren zu müssen – von Zwangsstörungen Betroffene leiden unter dem inneren Drang, bestimmte Dinge zu denken oder zu tun. Belastende Gedanken, befürchtete Katastrophen drängen sich immer wieder ins Bewusstsein und lösen massive Unruhe und Anspannung oder gar Ekel aus. Der Organismus befindet sich in einer Art falschem Daueralarm. Dieser lässt sich nicht einfach abstellen. Der Betroffene wehrt sich zwar gegen das Auftreten unerwünschter und zwanghafter Gedanken; er erlebt sie als überzogen und sinnlos, kann ihnen willentlich jedoch meist nichts entgegensetzen. Menschen mit **Zwangsgedanken** versuchen, diesen zu widerstehen, sie zu unterdrücken oder sie durch andere Gedanken und Handlungen zu neutralisieren (vgl. Butcher et al., 2009). Zwangsgedanken sind wiederkehrende Gedanken, Vorstellungsbilder oder Impulse. Sie werden von der jeweiligen Person als störend und unangemessen erlebt. Es liegen Denkstörungen mit unsinnig erkannten Denkinhalten, Gedankenkreisen und Gedankenarmut vor. Dabei handelt es sich um angstvolle Gedanken und Überzeugungen, jemandem zu schaden, Unheil anzurichten oder in eine peinliche Situation zu geraten. Diese Gedankengänge können nicht befriedigend beendet werden, dadurch wiederholen sie sich und drängen sich immer wieder auf.

Solche Gedanken werden häufig von **Zwangshandlungen** begleitet. Diese Handlungen sollen die Gedanken neutralisieren oder das Eintreten einer schrecklichen Situation verhindern. Danach fühlen sich Betroffene für gewöhnlich für eine kurze Zeitspanne weniger ängstlich. Abgesehen von dieser Spannungsreduktion empfinden die Betroffenen keine Freude am Ausführen der Handlung selbst. Es gibt Menschen, die die zwanghafte Handlung zu einem **Zwangsritual** ausbauen, das immer exakt auf die gleiche Art und Weise durchgeführt werden muss. Sofern es nicht gelingt, die Handlung abzuschließen, entsteht weitere Angst und das Ritual muss häufig von Anfang an wiederholt werden. Dabei unterscheidet man verschiedene **Zwangsformen** und **Zwangsobjekte**.

Zu den bekanntesten Zwangsformen zählen

- Waschzwang,
- Reinigungszwang,

- Kontrollzwang,
- Ordnungszwang,
- Zählzwang und
- Sammelzwang.

Bei einem Sammelzwang können Betroffene nichts wegwerfen, da sie Angst haben, es könnte etwas Wertvolles oder Wichtiges sein. Sie können daher nicht mehr zwischen wirklich wichtigen Erinnerungsstücken und wertlosem Müll unterscheiden. Leere Flaschen, alte Zeitungen, kaputte Möbel bis hin zum Hausmüll werden in der Wohnung gelagert. Sogenannte „Messies" leiden an solchen Sammelzwängen in Form von zwanghaftem Horten. Im Zusammenhang mit den jeweiligen Zwangsformen spielen auch bestimmte Zwangsobjekte eine wichtige Rolle. Beim Wasch- und Reinigungszwang sind diese Objekte z. B. Folien, Gummihandschuhe und Schlüssel, die als unhygienisch empfunden werden. Beim Kontrollzwang ist es das offene Fenster oder komische Geräusche am Auto, die davon zeugen könnten, jemanden überfahren zu haben. Bei einem Ordnungszwang ist es die Wäsche, die flusenfrei und makellos, wie mit dem Lineal nachgemessen, im Schrank liegen muss. Zwänge haben das Leben der Betroffenen fest im Griff.

Damit eine Zwangserkrankung entsteht, müssen in der Regel mehrere Komponenten zusammenkommen. Kommen verschiedene Risikofaktoren zusammen, die dazu führen, dass Belastungen nicht mehr bewältigt werden können, steigt die Wahrscheinlichkeit der Erkrankung. Zu den wichtigsten heute bekannten Faktoren zählen neben der Vererbung auch neurobiologische Faktoren, Erziehungsstile, prägende Ereignisse in der Lebensgeschichte, Persönlichkeitseigenschaften sowie Belastungen vor und während des Beginns der Erkrankung. Zwangsstörungen treten häufig nicht alleine, sondern in Verbindung mit Depression, Panikstörung und sozialer Phobie auf. Den Link zu einem Selbsttest zur Angst (**Generalized Anxiety Disorder Screener 7**, GAD-7) finden Sie am Ende des Buchs im Serviceteil.

8.5 Posttraumatische Belastungsstörungen

Eine weitere Angststörung ist die Posttraumatische Belastungsstörung (**PTBS**). Im Laufe des Lebens erleben viele Menschen traumatische Erfahrungen, die von großer Angst, Entsetzen oder einem massiven Bedrohungsgefühl begleitet werden. Diese außerhalb des alltäglichen Lebens liegenden, häufig mit Gewalt verbundenen Erfahrungen müssen nachträglich in besonderer Weise verarbeitet werden. Vielen Menschen gelingt dies mit Hilfe von Freunden und Angehörigen, ohne dass weitreichenden seelischen Folgen zurückbleiben. Doch nicht jeder kann das Ereignis selbst verarbeiten.

Bei einem Teil der Betroffenen entwickeln sich nachhaltige Probleme mit starken Beeinträchtigungen im seelischen und oft auch im körperlichen Bereich.

Sie tritt in der Regel innerhalb von einem halben Jahr nach einem traumatischen Ereignis auf und geht mit unterschiedlichen Symptomen einher. Häufig kommt es zum Gefühl von Hilflosigkeit sowie durch das traumatische Erleben zu einer Erschütterung des Selbst und des Weltverständnisses. Entpersonalisierung und Entrealisierung können im Extremfall damit einhergehen. Betroffene empfinden das „Ich" nicht mehr als Teil des Körpers und ihren Körper nicht mehr als Teil der Welt (vgl. Die Zeit, 2012). Zu dieser besonderen Art von Angststörung kommt es nach extrem belastenden Ereignissen wie Gewalt- oder Terrorerfahrungen (z. B. im November 2015 in Paris, 9/11 in den USA), schweren Unfällen oder Umweltkatastrophen wie Erdbeben, Tornados oder einem Tsunami. Dabei muss die Bedrohung nicht unbedingt die eigene Person betreffen, sondern sie kann auch bei anderen erlebt werden (z. B. wenn man Zeuge eines schweren Unfalls oder einer Gewalttat wird). Dadurch werden schwerwiegende psychische und physische Symptome hervorgerufen. Diese zeigen sich, indem

- die betroffene Person das traumatische Ereignis in Gedanken und Träumen immer wieder durchlebt,
- die Person Situationen vermeidet, die mit dem Trauma in Verbindung stehen (z. B. Auto- oder Zugfahrten),
- Konzentrations- und Gedächtnisleistungen beeinträchtigt sind und
- emotionale Taubheit in Verbindung mit Schlafstörungen, Albträumen und erhöhter Reizbarkeit besteht.

„Eine Belastungsstörung ist eine stille Krankheit. Viele wissen nicht einmal, dass sie zu den Betroffenen gehören und halten Flashbacks, also unvermittelt und ohne Vorwarnung ins Bewusstsein einschleichende Schreckensbilder, jahrelang wiederkehrende Albträume, permanente Wachheit und andauernde Schlaflosigkeit für völlig normal“ (vgl. Die Zeit, 2012, S. 39). Eine posttraumatische Belastungsstörung entsteht nicht aufgrund einer erhöhten psychischen Labilität, denn auch psychisch gesunde und gefestigte Menschen können eine PTBS entwickeln. Dabei werden, um die extreme Situation überstehen zu können, Erlebnisinhalte abgespalten. Gelingt die Verarbeitung solcher besonderen Lebensereignisse nicht, so tritt diese Störung auf. Betroffene ziehen sich in die Isolation zurück. Unbehandelt führt die Störung oft zu einer andauernden Persönlichkeitsänderung. Eine PTBS kann die Entwicklung eines Burnouts begünstigen.

Eine schwere Form von Angststörungen, zu denen auch die Posttraumatische Belastungsstörung zählt, muss in jedem Fall therapeutisch behandelt werden. Immer wieder auftretende Ängste sind Auslöser für Dauerbelastungen. Bei leichten

Formen der Angst kann der Einsatz von kognitiven Techniken hilfreich und unterstützend sein. Hierzu möchten wir Ihnen eine praktikable Herangehensweise aufzeigen, wie Sie sich mit einer Angst, die Sie vielleicht mit sich herumtragen, auseinandersetzen und diese im günstigsten Fall sogar auflösen können.

Angst blockiert das eigene Tun und schränkt das Handlungsspektrum ein. Sie sorgt dafür, dass bestimmte Situationen gemieden werden. Mit Angst zu reagieren, ist eine Gewohnheit. Doch sie lässt sich beeinflussen, wenn man das Wesen der Angst und deren Wirkmechanismen kennt. Grundsätzlich hat jeder Mensch zwei Optionen:

[1] Weiterhin Angst zu haben, zu grübeln, sich um die Zukunft zu sorgen, sich zu lähmen oder gar für etwas zu verurteilen oder

[2] sich aktiv mit der Angst auseinander zu setzen, ihre Ursachen zu ergründen und mit ihr umgehen zu lernen.

Die Angst zu überwinden lässt sich lernen, auch wenn zunächst das eigene Gefühl im Weg steht. Ausgangspunkt ist der innere Selbstdialog. In jedem Augenblick bewerten wir Ereignisse, die um uns herum geschehen und uns selbst. Damit eine Situation z. B. „dritter und letzter Prüfungsversuch" als Angst wahrgenommen wird und ein **Gefühl** der Bedrohung oder Hilflosigkeit entsteht, müssen zuvor entsprechend unterstützende Gedanken in Form von **Bewertungen** vorhanden sein. Das Zusammenspiel von Bewertungen, Gefühlen und Reaktionen zeigt die folgende Tabelle (vgl. Wolf, 2009):

Situation A	Situation A	Situation A
Bewertung B1 positiv, gut, richtig	Bewertung B2 neutral, weder gut noch schlecht, keine Gefahr	Bewertung B3 negativ, Gefahr, schlimm
Gefühl C1 positiv, Freude	Gefühl C2 neutral, Ruhe, Zufriedenheit	Gefühl C3 negativ, Angst, Ärger, Depression
Körperreaktion 1 angenehme Anspannung	Körperreaktion 2 Entspannung	Körperreaktion 3 Erregung, Unruhe, Anspannung

Hinsichtlich der schematischen Darstellung beutet das:

Dritter Prüfungsversuch	Dritter Prüfungsversuch	Dritter Prüfungsversuch
Bewertung B1 Max denkt: „Toll, noch eine Chance, die ich zum Bestehen nutzen werde."	Bewertung B2 Max denkt: „Ich bin gut vorbereitet, mehr kann ich nicht tun."	Bewertung B3 Max denkt: „Das wird eh nichts. Ich bin ein Versager. Wie soll ich das nur meinen Eltern erklären?"
Gefühl C1 Max ist glücklich.	Gefühl C2 Max ist ruhig und gelassen.	Gefühl C3 Max ist nervös und ängstlich.
Körperreaktion 1 angenehme Anspannung	Körperreaktion 2 Entspannung	Körperreaktion 3 Erregung, Unruhe, Anspannung

Die unterschiedlichen Reaktionsweisen sind durch die unterschiedlichen Bewertungen der Situation erklärbar. Damit wird deutlich, dass die Ursache für unsere Ängste in unserem Denken liegt. Erst wenn wir negative Bewertungen verändern, können wir nach und nach unsere Gefühle verändern. Die folgende Übung ermöglicht Ihnen ein „Umlernen" in 5 Stufen:

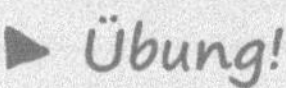

Umlernen

Stufe 1: Intellektuelle Einsicht

Dies ist der erste und leichteste Schritt. Nehmen Sie die angstauslösende Situation, ermitteln Sie Ihre/n Gedanken und die damit einhergehende Bewertung dazu. Schreiben Sie diese auf. Finden Sie einen neuen, möglichst neutralen und/ oder positiven Gedanken, der die Situation in einem angemesseneren Licht erscheinen lässt. Ergänzend hierzu können Sie auch das A-B-C-Modell verwenden (vgl. Walther, 2012).

Stufe 2: Einüben

Denken Sie nun den/die neuen Gedanken, die Sie sich erarbeitet haben und verhalten Sie sich entsprechend der daraus entstehenden Bewertung.

Stufe 3: Widerspruch zwischen Kopf und Bauch

Diese Stufe ist die schwierigste, da Sie zwar den neuen Gedanken denken, aber noch das alte, negative gelernte und verinnerlichte Gefühl da ist. Eventuell haben Sie den Eindruck, sich zu belügen. Das kommt daher, dass Sie sich zuvor etwas eingeredet haben, das Sie jetzt korrigieren. Seien Sie geduldig mit sich. Ihr Körper wird mit der Zeit gemäß Ihrer neuen Bewertung reagieren.

Stufe 4: Kopf und Bauch stimmen überein

Sie werden feststellen: Je öfter Sie den/die neuen förderlichen Gedanken zum Einsatz bringen, desto mehr lassen die alten Gefühle nach und Ihr Körper reagiert stimmig zu Ihren Bewertungen.

Stufe 5: Neue Gewohnheiten

Die Umstellung ist geglückt. Sie nehmen automatisch die richtige Bewertung vor und verhalten und fühlen sich entsprechend.

Es ist wie mit einem tief eingegrabenen Fluss. Will man ihn umleiten, dann will das Wasser zunächst den alten Weg nehmen. Selbst dann, wenn das neue Flussbett viel komfortabler als das alte sein wird. Je häufiger Sie also das neue Verhalten zeigen, desto einfacher wird es, dies abzurufen, denn unser Gehirn hat die Gabe, umzulernen.

8.6 Depressionen

Depressionen treten meist in einem noch späteren Stadium von Burnout auf als Ängste. Wichtig ist zu erkennen und sich einzugestehen, dass man es mit sehr ernst zu nehmenden Symptomen zu tun hat, die im vorletzten Stadium eines Burnouts, vor dem ultimativen Zusammenbruch, der totalen Erschöpfung, auftreten. Sie machen sich in der Regel durch außergewöhnliche Traurigkeit bis hin zu dem Gefühl der emotionalen Leere bemerkbar. Neben diesen Stimmungstiefs mit Gefühlen und Gedanken der Wertlosigkeit können körperliche Aspekte, wie die Veränderung des Appetits oder der Schlafgewohnheiten, und **verhaltensbezogene Veränderungen**, wie mangelnder Zugriff auf zuvor selbstverständliche Aktivitäten, hinzukommen. Außerdem spielen Dauer und Schweregrad der Symptome eine Rolle, damit man von einer Depression spricht. Davon ausgehend wird unterschieden in akute, chronische oder wiederkehrende Phasen der Depression.

Neben Gefühlen der Niedergeschlagenheit, Traurigkeit, Lustlosigkeit oder Antriebsminderung gehen Depressionen mit einer Reihe weiterer Symptome einher wie:

- Konzentrations- und Gedächtnisstörungen
- vermindertes Selbstbewusstsein
- Schuldgefühle
- innere Unruhe
- Grübelneigung
- Ermüdbarkeit
- Erschöpftheit
- Gefühlen der Hoffnungslosigkeit bis hin zu Todeswünschen und Suizidgedanken
- körperliche Beschwerden

Wie entsteht eine Depression?

Depressive Störungen können unterschiedliche Ursachen haben. Sie können in Zusammenhang mit einschneidenden Veränderungen der Lebensverhältnisse, Schicksalsschlägen, wie dem Tod einer nahestehenden Person, oder schwerer

Krankheit stehen. Weitere begünstigende Faktoren können **länger andauernde Belastungen**, wie Konflikte in der Familie, der Partnerschaft, oder chronische Anspannungen und psychischer Druck im Studium sein.

Depressionen werden bei **Männern** gerne übersehen, weil sich die Erkrankung bei ihnen anders äußert. Während sich Freudlosigkeit, Energie- und Antriebsmangel sowie Schlafprobleme bei beiden Geschlechtern finden und erkrankte **Frauen** häufig grübeln, sich Sorgen machen und klagen, zeigen Männer häufig Aggressivität und leichte Reizbarkeit. Durch Klagen und geäußerte Hilflosigkeit fordern Frauen im Rahmen einer depressiven Episode Hilfe von ihrer Umwelt ein. Männer dagegen verstummen. Ein Schweigen, das tödlich sein kann. So sterben Männer 3-mal häufiger als Frauen an Selbstmord. Dabei ist der Suizid oft als ein letzter, vermeintlich selbstbestimmter Lösungsversuch zu verstehen.

Während Frauen häufig wegen Belastungen im sozialen Umfeld und engen Beziehungen an einer Depression erkranken, reagieren Männer eher auf eine reale oder phantasierte Bedrohung ihres Status mit psychischen Erkrankungen. Dabei fehlt ihnen die Fähigkeit, mit ihren negativen Gefühlen adäquat umzugehen. In diesen Lebenssituationen treten Depressionen gehäuft auf. Aus diesem Grunde ist es sehr wichtig, die eigenen Gefühle wahrzunehmen und darüber zu sprechen, damit in Situationen besonderer Belastung eine Reorganisation und Bewältigung stattfinden kann.

Wesentliche Faktoren, die das Entstehen einer Depression begünstigen, sind **verzerrte, einseitige, katastrophisierende, negative Denkmuster**. Während der Depression ist das einseitig negative und pessimistische Denken über sich selbst, über die Umwelt und die Zukunft sehr stark ausgeprägt.

Auch die Beziehungen zu anderen Menschen, biografische (wie etwa frühe, aber auch aktuelle Verlusterlebnisse), familiäre und soziale Faktoren, z. B. Einsamkeit, können eine wichtige Rolle spielen. Der Grad der depressiven Gefühle verändert sich mit fortschreitendem unbehandeltem Verlauf. Stehen zu Beginn vermehrtes Grübeln, geringere Aktivität und weniger positive Erfahrungen im Vordergrund, so ist der weitere Verlauf durch noch mehr Grübeln, Rückzug, mangelnde Anregung, Fehlen positiver Erlebnisse und vermindertes Selbstwertgefühl gekennzeichnet. In ihrer stärksten Ausprägung mündet die Depression in Dauergrübeln, Inaktivität und Verlust der Lebensperspektiven. Der Betroffene kann nur noch mit professioneller Hilfe aus dieser schweren Krise herauskommen (vgl. Wittchen & Hoyer, 2011).

Dabei findet auf physiologischer Ebene eine Veränderung im System der Botenstoffe und Hormone im Körper statt. Bei allen Formen der Depression, unabhängig vom Auslöser, finden sich Veränderungen in den komplexen Neurotransmittersystemen (Botenstoffe) des Gehirns. Diese Botenstoffe sind für die Reizweiterleitung in unserem Körper verantwortlich. So wurden auch Veränderungen im Regelsystem der Hormone von Hypothalamus, Hypophyse (Hirnanhangdrüse) und Nebenniere nachgewiesen.

Wenn Sie das Gefühl haben, an einer Depression erkrankt zu sein, so ist auf jeden Fall ärztliche und psychotherapeutische Unterstützung notwendig. Dazu zählen zunächst die korrekte Diagnose und eine eventuelle medikamentöse Unterstützung zur Stabilisierung sowie eine begleitende Psychotherapie. Dies setzt voraus, dass Sie akzeptieren, dass Ihr bisheriges Vorgehen bzw. Ihre Lebens- und Studienweise Sie krank gemacht haben und dass Sie bereit sind, Veränderungen vorzunehmen.

Beim psychotherapeutischen Vorgehen nach den Prinzipien der kognitiven Verhaltenstherapie wird – nach eingehender Diagnostik – ein individuelles Störungsmodell aufgestellt, aus dem sich Ansatzpunkte zur Veränderung ergeben. Typische Therapieelemente können folgende Aspekte umfassen:

- Aufbau positiver und angenehmer Aktivitäten und Erlebnisse
- Veränderung verzerrter, übermäßig negativer oder pessimistischer Denkmuster
- Einüben sozialer Fertigkeiten zum förderlichen Umgang mit anderen Menschen
- (Wieder-)Aufbau sozialer Kontakte
- Aufbau von Strategien zum Lösen von Problemen
- Sport- und bewegungstherapeutische Maßnahmen
- Entspannungstechniken

9 Ursachen und Risikofaktoren (umweltbedingt und persönlichkeitsbedingt)

Nachdem Sie über die Symptomatik eines Burnouts jetzt gut Bescheid wissen, fragen Sie sich vielleicht: Was trägt denn nun dazu bei, dass so ein Zustand entsteht oder was löst ihn aus? Die Ursachen für Burnout sind in aller Regel **multikausal**: Meist gibt es eine Ursachenkombination aus den Faktoren Umgebung, Person und Situation.

D. h. es gibt bestimmte, eher umweltbedingte Faktoren, denen alle Menschen in ähnlicher Weise ausgesetzt sind und die dazu beitragen, dass sich das Stresslevel erhöht. Diese sind meist nicht direkt beeinflussbar. Diese Faktoren wollen wir uns zunächst ansehen und herausarbeiten, welche davon besonders für Studenten zutreffen.

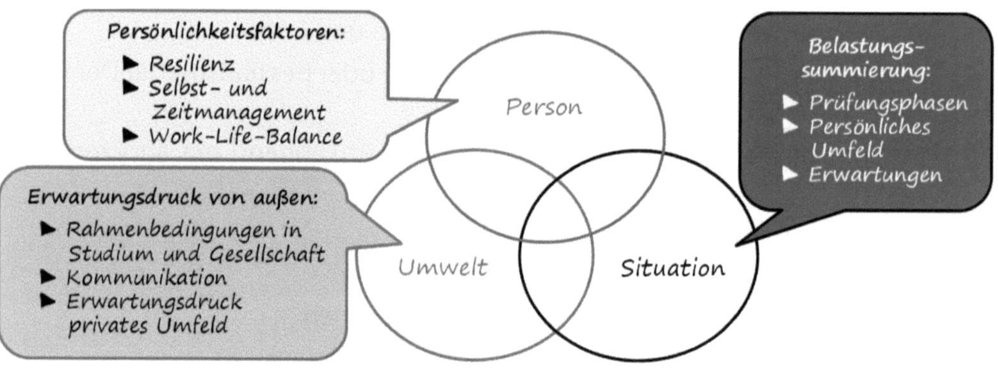

Abb. 7: Einflussfaktoren auf die Entstehung eines Burnouts

Neben den gesellschaftlichen Rahmenbedingungen gibt es noch die individuelle Situation, in der sich ein Mensch befindet. Es können bestimmte Konstellationen zusammenwirken, die dazu führen, dass sich für einen Menschen in einer Phase die Belastung zuspitzt. Diese Phasen sind nur teilweise beeinflussbar.

Nachdem nicht jeder gleich auf diese äußeren Faktoren reagiert und sie nicht bei jedem den gleichen Stress auslösen, wollen wir uns auch die inneren Faktoren ansehen, die eher persönlichkeitsbedingt sind. Diese sind meist teilweise beeinflussbar, d. h. durch Arbeit mit sich selbst ist es zum Teil möglich, sie zu verändern.

Umweltfaktoren

Der Alltag in unserer industrialisierten Wissensgesellschaft verändert sich stetig und erfordert ständige Anpassungsleistungen. Die Möglichkeiten digitalen Kommunikation sind nahezu unbegrenzt. Die Reaktionszeiten auf Anfragen sind dank intelligenter Software und Apps immer kürzer. Die Informationsflut ist nicht mehr beherrschbar. Das Chatten via Smartphone ist inzwischen unmittelbarer Bestandteil eines aktiven Studentenlebens und Mittel zum Kontakt mit der Community, dem sich der Einzelne nicht entziehen will und kann.

Der Zusammenhalt in Familien und Gemeinden wird immer geringer, Anonymität und Unpersönlichkeit breiten sich aus. Es gibt immer weniger verlässliche Strukturen, in denen der Einzelne Rückhalt findet. Arbeit und Arbeitsumfeld, aber auch bereits das Schul- und Studienumfeld werden zu Ersatzrückhalt und Identifikationsquelle und bekommen dadurch einen deutlich höheren Stellenwert als früher für das Sozialleben.

Die Forderungen nach Wirtschaftlichkeit finden sich in Unternehmen, aber auch an Universitäten. Die finanziellen Mittel sind knapp, die Anforderungen an die Effizienz hoch. Das Zusammenwachsen der Welt global, insbesondere aber auch in Europa hat zur Folge, dass der Konkurrenzdruck auf allen Ebenen wächst.

Unterschwellig herrscht bei Studenten (aber nicht nur bei ihnen) eine große Verunsicherung bezüglich der Lebensplanung. Niemand weiß, ob sich der aktuelle Zeit- und Energieaufwand in Zukunft tatsächlich auszahlt, ob man den „sicheren" Job bekommt, ob man in der früh erzwungenen Spezialisierung glücklich wird, ob man der Konkurrenz gewachsen ist, ob man genug Geld verdienen wird, um seinen Status zu erhalten oder in welcher Stadt man landen wird.

Der **Bologna-Prozess** hat in den letzten Jahren dafür gesorgt, dass sich die Studienbedingungen stark verändert haben. Ohne den gesamten Prozess infrage stellen zu wollen, gibt es dennoch Faktoren, die zur Druckerhöhung für Studierende beitragen:

- Lernstoffverdichtung, zeitliche Straffung des Studiums
- Komprimierung von Prüfungen, Klausuren, Kolloquien wegen der zahlreichen Fächer und Module

- starre, noch nicht ausgereifte Studien- und Prüfungsordnungen für Bachelor- und Masterstudiengänge mit wenig Freiraum zur inhaltlichen und zeitlichen Gestaltung
- Einfluss nahezu jeglicher Prüfung in die Gesamtnote
- verkürzte Regel- und Maximalstudienzeiten
- Tendenz zum Wissensabruf anstelle von kritischer Auseinandersetzung mit den Inhalten
- Limitierung der Zulassungsgrenze zum Masterstudium auf die Note mind. 2,5

Gleichzeitig haben sich die Erwartungen der zukünftigen Arbeitgeber an die Studenten gewandelt, worauf viele Studenten mit **Anpassungsaktivismus** reagieren, um den eigenen Lebenslauf so erfolgsorientiert wie möglich zu designen. Praktika, Auslandsaufenthalte, soziales Engagement sind parallel zum regulären Studienverlauf in den lückenlosen Lebenslauf einzubauen.

Der vermeintliche Auftrag zur Selbstoptimierung für den Arbeitsmarkt (und Gesellschaftsmarkt) steigt, es wird immer mehr suggeriert, dass jeder als Gestalter seines Lebens persönlich für seinen Erfolg/sein Aussehen/seine gesellschaftliche Anerkennung verantwortlich ist und alles erreichen kann, wenn er sich nur genug anstrengt. Eine fatale Lüge, die viele in die ständige Selbstüberforderung treibt.

Im Gegensatz zu früher scheinen heutige Studenten mehr eine karrierebewusste Zielsetzung zu pflegen. Sie akzeptieren alles Notwendige, um den Anforderungen des Arbeitsmarkts gerecht zu werden. Dazu pauken und büffeln sie bis zum Umfallen, um Supernoten zu produzieren, arbeiten in den Semesterferien, um Studiengebühren und Mieten zusammenzubekommen und verhalten sich schon zu Studienzeiten so, wie man es von „Burnout-Aspiranten" des Berufslebens her kennt. Dies geht teilweise sogar so weit, dass der Student seine Hobbys nach berufsstrategischen Gesichtspunkten auswählt, um beim zukünftigen Chef Eindruck zu schinden. Ein besonders wichtiger Aspekt dieser Einstellung ist der absolute Wille der Studierenden, im Studium schon alles richtig und es jedem recht machen zu wollen – ein bekanntes Muster bei der möglichen Entwicklung eines Burnout-Syndroms.

Damit einhergehen oft unrealistische Vorstellungen von der späteren Arbeitswelt. Massenmedien vermitteln, dass der Berufsstatus an sich bereits Kompetenz und Erfolg bedeutet, dass Arbeitgeber gleich Chancengeber sind, dass Kunden immer kooperativ und dankbar sind, dass Kollegen per se hilfsbereit und solidarisch sind.

Eine weitere Belastung stellen die finanziellen Herausforderungen dar, denen viele Studierende ausgesetzt sind. Steigende Mieten und Lebenshaltungskosten in vielen Universitätsorten, Finanzierung von Auslandspraktika werden häufig durch zusätzliche Arbeit abends parallel zum Studium aufgebracht und tragen zum Druck bei.

Situationsfaktoren

Wie aus → Abb. 7 ersichtlich ist, treffen häufig bei einem Burnout verschiedene Belastungen zeitlich zusammen, die jede für sich gesehen gar nicht so fordernd ist, in ihrer Gesamtheit aber zu einem erheblichen Druck führen. Dies können Situationen im privaten Umfeld sein, z. B.

- Wechsel des Wohnorts und fehlendes soziales Umfeld,
- finanzielle Belastungen,
- Verantwortlichkeiten gegenüber anderen (Geschwistern, Eltern),
- Erwartungsdruck durch die Eltern,
- Probleme in der häuslichen Wohnsituation,

- Trennung vom Partner,
- eigene Erkrankungen oder Erkrankungen im persönlichen Umfeld und
- Suchterkrankungen, Drogen, Alkohol sowie Medikamente.

Hinzu kommen Situationen im Studienumfeld, z. B.

- Prüfungsstress und Spitzenzeiten bei Leistungsanforderungen,
- Zeitdruck/Hektik,
- Konkurrenzsituation zu Kommilitonen, (z. B. beim Kampf um einen Studienplatz für den Master),
- persönliche Probleme mit Professoren oder Leitungspersonen,
- Auslandssemester und Praktika sowie
- unzureichende Studienbedingungen.

Einige dieser Situationsfaktoren sind nur bedingt beeinflussbar – dafür aber vorübergehend. Um einen größeren Energieverlust zu vermeiden, geht es darum, den Umgang damit zu verändern, das eigene Verhalten anzuschauen und die innere Einstellung zu den Themen zu überprüfen. Gleichzeitig gilt es, in Zeiten, die nicht zu den Spitzenzeiten gehören, eine Basis aufzubauen, die einem hilft, auch in stressigeren Zeiten stabil zu bleiben. Dazu können eine vorausschauende Zeitplanung und strukturierende Rituale gehören, wie auch die Fähigkeit, sich zu entspannen und seine Energiequellen zu pflegen. → *Konkrete Anregungen dazu erhalten Sie in Teil 3/Kapitel 1 „Stadium A: Prävention".*

Personenbezogene Faktoren

Der dritte Punkt in der Grafik befasst sich mit der Person. Bei Weitem nicht jeder Mensch ist burnoutgefährdet. Der Belastung des Menschen durch seine Umwelt steht seine psychische Widerstandsfähigkeit (Resilienz) gegenüber. Es lassen sich gewisse **Gefährdungspotenziale** erkennen, die sowohl in dem jeweiligen individuellen Lebensmanagement als auch in der Persönlichkeit liegen können. So sind potenzielle Erschöpfungssyndrom-Kandidaten vor allen Dingen Menschen,

- die sich über das Lob und Anerkennung anderer definieren,
- die sich nicht trauen, Nein zu sagen und sehr harmoniebedürftig sind,
- die sehr idealistisch sind und neben ihrer Arbeit keinen anderen Lebensinhalten Bedeutung zumessen,
- die extrem hohe Anforderungen an sich selbst stellen,
- die ein ausgeprägtes Leistungsdenken und Perfektionismus haben,
- die ihre Zeit schlecht einteilen können und Arbeitsaufträge vor sich herschieben,
- die Arbeit nicht an andere abgeben können, sondern alles selbst machen,
- die ihre eigenen Grenzen nicht erkennen,
- die wenig Selbstvertrauen und eine Einstellung der Hilflosigkeit haben,
- die feste Vorstellungen davon haben, wie die Welt zu sein hat.

Es gibt unzählige Modelle, nach denen die Persönlichkeit von Menschen in Kategorien eingeteilt wird. Wir wollen hier nicht weiter auf diese eingehen. Zu welchen Teilen diese Persönlichkeitsfaktoren nun genetisch angelegt sind (und somit eher weniger beeinflussbar sind), wie man es z. B. für manche depressiven Erkrankungen nachgewiesen hat und zu welchen Teilen sie aus dem persönlichen Sozialisationsprozess in der Kindheit und Jugend entstanden sind (und somit eher durch neue Lernprozesse beeinflussbar sind), kann man im Einzelnen meist nicht sagen.

Nachdem Burnout-Patienten gerade die Ansätze der kognitiven Verhaltenstherapie helfen, die dazu auffordern, neue Erfahrungen zu machen und so alte Verhaltens- und Wahrnehmungsmuster zu verändern *(→ Teil 3/Kapitel 3 „Stadium C: Professionelle Hilfestellung")*, scheint die Persönlichkeit ein Schlüsselfaktor bei der Entstehung von Burnout zu sein. Es lohnt sich, einmal den Fokus zu verändern. Weg vom Konzept des Defizits „was fehlt, was kann ich nicht", hin zu einem Konzept des „was funktioniert gut, was schützt, was stärkt". Die Grundlagen dazu vermittelt das Prinzip der **Salutogenese**, also der Lehre von der Gesunderhaltung, aus dem sich der Fokus auf das Thema Widerstandsfähigkeit entwickelt hat. Konkrete Anregungen zur Resilienzerhöhung finden Sie in diesem Buch im *→ Teil 3/Kapitel 2.1 „Aufbau von Resilienz"* sowie bei der Übung „Eigene Stärken wahrnehmen" im *→ Teil 3/Kapitel 1.1.2 „Soziales Netzwerk"*.

▶ *Fallbeispiel!*

Florian, 22 Jahre –
Reaktion auf Überanpassung an äußere Erwartungen

Florian ist ein „Selbstläufer". Das war schon immer so. Er ist ohne große Auffälligkeiten durch die Schule gekommen, war immer gut, ohne sich dafür allzu sehr anstrengen zu müssen. Ihm wurde es auch von Seiten der Familie her leicht gemacht. Sein Vater hat eine große Anwaltskanzlei für Wirtschaftsrecht und so musste Florian sich nie um einen eigenen Nebenjob kümmern oder sich Sorgen machen, wie er mal sein Studium finanzieren würde. Für seinen Vater war klar, dass Florian Jura studieren würde und Florian selbst hatte nichts dagegen und auch keine bessere Idee, was er sonst studieren sollte. Er wohnt weiterhin zu Hause in seinem großen Zimmer, geht in die Uni und macht „das Ding".

Es ist klar, dass er später mal in die Kanzlei seines Vaters einsteigen wird. In der Familie sind alle erfolgreich, da wird er keine Ausnahme machen. Es halten auch alle zusammen und es gibt keine „Nestbeschmutzer". Naja, vielleicht einen. Sein jüngerer Bruder Tom ist vor zwei Jahren aus der Reihe ausgebrochen und hat die Schule geschmissen, um nach Spanien zu gehen. Das hat ihm niemand verziehen und derzeit besteht nur ein sehr unterkühlter Kontakt zu ihm. So etwas würde Florian niemals einfallen.

So studiert er auf das erste Staatsexamen zu und alles wäre okay, wenn da nicht diese unerklärlichen Schmerzen in den Beinen wären. Zuerst sind sie vor allem nachts gekommen, eine Mischung aus Brennen und ziehendem Schmerz. Er dachte, nach ein paar Tagen ist das schon wieder vorbei, und so war es auch. Aber sie kamen wieder – häufig auch am Tag und manchmal hat er auch das Gefühl, keine Kraft mehr in den Beinen zu haben. Er war beim Hausarzt, dann beim Neurologen. Alles ist untersucht worden – er hat literweise Blut gegeben, war in der Röhre, hat sich die Nerven „anpieksen" lassen – und es kam nichts heraus: Alles okay. Nur für Florian ist nichts okay.

Inzwischen traut sich Florian immer weniger, etwas mit Freunden auszumachen, manchmal traut er sich nicht mal in die Uni aus Angst, dass ihn seine Beine nicht mehr halten. Die Welt wird immer grauer für ihn, seine Zukunft düster, weil er sich inzwischen mit dem Gedanken befreunden muss, ein Leben im Rollstuhl zu führen – und das, ohne eine „echte" Krankheit zu haben. Seine Eltern verstehen das nicht – es MUSS doch etwas zu finden sein. Sie schicken ihn zu etlichen weiteren Spezialisten – mit immer dem gleichen Ergebnis: Es fehlt körperlich nichts. Zweimal fiel das Wort „psychosomatisch". Beim ersten Mal hat Florian es zur Seite geschoben. Er hat keine Probleme mit der Psyche. Beim zweiten Mal war er so fertig, dass er doch nach diesem Strohhalm griff und sich eine Adresse an der Uni geben ließ.

In die Sprechstunde ging er noch sehr skeptisch, war dann aber überrascht, wie ernst er genommen wurde. Er begann eine ambulante Therapie bei einem Psychotherapeuten und ging danach auch noch für acht Wochen in eine psychosomatische Klinik und setzte auch danach seine Therapie fort. Dabei erkannte er, dass er in seinem bisherigen Leben noch nie versucht hatte, „auf eigenen Beinen zu stehen", keine eigenen Wünsche entwickelt hatte, keinen Versuch gemacht hatte, sich von seinem Elternhaus abzunabeln, Verantwortung für sich zu übernehmen, eigenes Geld dazuzuverdienen, sich einzugestehen, dass er als Beruf lieber etwas machen würde, bei dem er direkte Ergebnisse sehen kann, als ewig mit Fällen und Akten zu tun zu haben. Vielleicht sogar etwas Handwerkliches, das ihm immer Spaß gemacht hatte.

Er lernt langsam, sich selbst wahrzunehmen und erkennt, dass er versucht hat, den Traum seiner Eltern weiterzuleben und dabei übersehen hat, dass er ein ganz eigener Mensch ist. Diesen Menschen entdeckt er gerade. Er beginnt, seine Gefühle wahrzunehmen und sich nach ihnen zu richten. Seine Schmerzen in den Beinen sind zwar nicht ganz weg, aber die Beine tragen ihn wieder zuverlässiger.

Er sieht die Schmerzen inzwischen sogar als seine „Helfer" an, die ihm zeigen, wenn er mal wieder im Modus „Funktionieren" steckt und den Kontakt zu sich selbst verloren hat. Ein Semester ist ausgefallen durch diese ganze Auszeit, aber Florian ist es das wert. Er hat das Gefühl, dass Jura wohl doch nicht sein Ding ist und sucht gerade mit seiner Therapeutin und einem Coach nach seiner beruflichen Vision. Wie er das seinen Eltern klarmachen soll, die dem ganzen Psychozeug recht skeptisch gegenüberstehen, weiß er noch nicht so genau. Aber der Gedanke, dass auch er ausbricht aus den Erwartungen der Familie, ist nicht mehr ganz so undenkbar, wie er es einmal war.

10 Vulnerabilität und Resilienz

Dauerhafter Stress stellt für das Entstehen eines Burnouts eine Schlüsselfunktion dar. Er ist als Reaktion einer Person auf Anforderungen zu sehen, die die eigenen persönlichen Ressourcen zur Bewältigung stark beanspruchen oder übersteigen. Er bezieht sich dabei auf alle Anforderungssituationen an die Person, bei der sie eine Anpassungsreaktion zeigen muss. Damit sind wiederkehrende Stressereignisse oder dauerhafte Belastungen im privaten wie im Studienumfeld gemeint. Dies können z. B., wie in dem Fallbeispiel beschrieben, schwierige familiäre Situationen oder auch zu kurz geplante Phasen der Prüfungsvorbereitung sein. Sie sind jedoch nicht allein für das Entstehen und den weiteren Verlauf eines Burnouts und/oder einer psychischen Störung verantwortlich. Inzwischen geht man davon aus, dass für das Auftreten ein Zusammenspiel biologischer, psychologischer und sozialer Faktoren verantwortlich ist.

Eine wesentliche Grundlage für das Entstehen eines Burnouts bildet dabei neben äußeren Einflussfaktoren die individuelle Konstellation, die eine Person gegenüber negativen Umweltbedingungen besonders empfindsam werden lässt (vgl. Zaudig et al., 2006). Diese Empfindlichkeit erhöht die Wahrscheinlichkeit für den negativen Verlauf einer stressbedingten Störung. Diese Form der erhöhten Anfälligkeit und psychischen Verletzlichkeit wird auch als **Vulnerabilität** bezeichnet. Sie kann im Laufe eines Lebens durch kritische Lebensereignisse erworben oder gelernt werden. Menschen mit einer erhöhten Vulnerabilität können in belastenden Lebensabschnitten mit psychotischen Symptomen reagieren. Vulnerabilität an sich führt nicht zur Störung. Es handelt sich nur um eine erhöhte Anfälligkeit, die erst in Kombination mit einer passenden Auslösersituation eine krankmachende Dynamik entfaltet. Das Vulnerabilitäts-Stress-Modell geht daher davon aus, dass Burnout und auch psychische Erkrankungen aus dem Zusammenwirken dieser Verletzlichkeit mit belastenden Faktoren resultieren.

Aufgrund von zusätzlichen aktuellen Belastungen kann für sehr dünnhäutige Menschen die Wahrscheinlichkeit zunehmen, mit einer psychischen Störung zu reagieren. Trotzdem kann durch die schützende Wirkung anderer Faktoren (z. B. gute soziale Einbindung) der Ausbruch eines Burnouts bzw. psychischen Erkrankung ausbleiben. Da Krisen und Umbruchphasen wie Schulabschluss, Studienabschluss, Verlust von nahestehenden Menschen, Trennungen usw. nicht wirklich zu vermeiden sind, ist es für sensible Menschen besonders wichtig, eigene, familiäre und soziale Ressourcen zu pflegen und ihr Repertoire an Entspannungs- und Bewältigungsstrategien auszubauen.

Entscheidend für den positiven Verlauf eines Burnouts sind also existierende Bewältigungsstrategien, die es einem Menschen möglich machen, mit den belastenden und stressigen Ereignissen fertig zu werden. Solche **Bewältigungskompetenzen** (coping skills) ermöglichen es einer Person, über verschiedene Situationen hinweg flexibel und adäquat zu reagieren.

Ausgehend von diesem Wissen liegt der Fokus zur Vermeidung und Überwindung stressbedingter Belastungsstörungen inzwischen auf den schützenden, **protektiven Faktoren**. Diese protektiven Faktoren ermöglichen die erfolgreiche Bewältigung belastender Situationen im Studium und/oder im privaten Umfeld. Damit ist der gezielte Auf- und Ausbau von innerer Stabilität und psychischer Widerstandskraft gemeint. Dieser „Schutzfaktor" wird als **Resilienz** bezeichnet. Sie bildet die Grundlage dafür, Schwierigkeiten im Leben erfolgreich zu meistern. Sie bezieht sich damit auf die Kompetenz einer Person, auch in Gegenwart von Belastungsfaktoren und ungünstigen Einflüssen angemessen und proaktiv zu reagieren und zu handeln (vgl. Wittchen & Hoyer, 2011). Das bedeutet, dass „resiliente" Menschen in schwierigen Situationen auch bei hoher Vulnerabilität in der Lage sind, eine erfolgreiche Anpassung an die Gegebenheiten vorzunehmen. Dabei handelt es sich nicht um eine angeborene Fähigkeit, sondern um eine erlernbare Kompetenz. Diese baut auf folgenden 7 Säulen auf:

Optimismus – seien Sie sich darüber bewusst, dass jeder Mensch Niederlagen erlebt. Behalten Sie stets das positive Ergebnis vor Augen.

Akzeptanz – akzeptieren Sie die Situation so, wie sie gerade ist. Hadern Sie nicht damit oder lehnen Sie sie nicht ab.

Selbstregulierung – nehmen Sie Ihre Gefühle wahr und beruhigen Sie sich selbst.

Verantwortung – verlassen Sie die Opferrolle und werden Sie zum proaktiven Gestalter Ihres Studiums.

Beziehungs-/Netzwerkkompetenz – aktivieren Sie Ihre tragfähigen sozialen Kontakte und bitten Sie Freunde, Kommilitonen oder Ihre Familie um Unterstützung.

Lösungsorientierung – konzentrieren Sie sich auf mögliche alternative Herangehensweisen und richten Sie sich auf Handlungsspielräume aus.

Zukunftsorientierung – entwickeln Sie eine Vorstellung von Ihrer beruflichen Zukunft nach Ende des Studiums.

Im → *Teil 3/Kapitel 1 „Stadium A: Prävention"* finden Sie zu jeder dieser Säulen Übungen, um sich selbst zu entlasten, Ihre psychische Widerstandskraft zu stärken und handlungsfähig zu bleiben.

11 Die Lage der Studierenden

Das Thema Burnout und Stress unter Studierenden ist schon seit einiger Zeit von wissenschaftlichem Interesse. Nach dem Bologna-Prozess erschienen die ersten Untersuchungen dazu – vergleichbare Erhebungen aus der Zeit vor der Einführung des Bologna-Prozesses gibt es nicht.

Die jüngste große Studie zu Studierendenstress in Deutschland ist im Oktober 2016 der Presse vorgestellt worden und zeigt alarmierende Tendenzen: Hier wurden über 18.000 Studierende unterschiedlicher Hochschulen und Fachrichtungen befragt. Prof. Dr. Uta Herbst von der Universität Potsdam, die die Studie leitete berichtet: „53 Prozent [der Studenten] weisen ein hohes Stresslevel auf […]. Dieser Wert liegt dabei höher als der Stresswert, der in Studien identifiziert wurde, in denen andere Bevölkerungsgruppen untersucht wurden. Beispielsweise lag der Anteil gestresster Beschäftigter 2015 in Deutschland unter allen Beschäftigen bei lediglich knapp 50 Prozent. (adp research institute, 2015)."

Allerdings gibt es Unterschiede im Stressempfinden zwischen Subgruppen, z. B. (Zitat von Prof. Dr. Herbst):

- Frauen sind signifikant gestresster als Männer.
- Fachhochschüler sind signifikant gestresster als Studierende von Universitäten und Dualen Hochschulen.
- Studierende staatlicher Hochschulen sind signifikant gestresster als Studierende privater Hochschulen.
- Bachelor-Studierende sind signifikant gestresster als Master-Diplom-Studierende (und auch als Staatsexamen-Studierende).

- Studierende aus NRW und Baden-Württemberg sind signifikant gestresster als Studierende aus Schleswig-Holstein, Brandenburg, Bayern und Rheinland-Pfalz.

Als größte wahrgenommene Ursachen nennt Prof. Dr. Herbst:

- hochschulbezogene Ursachen als wichtigster Stressoren-Bereich, wobei hier Prüfungen die größte Stress verursachende Bedeutung zukommt
- Schwierigkeit der zeitlichen Vereinbarkeit des Studiums mit anderen Aktivitäten
- hohe eigene Erwartungen („intrapersoneller Stress")

Die Studie bestätigt den Trend, den Berater in psychologischen Beratungsstellen der Universitäten schon länger sehen. Sie berichten über einen deutlichen Anstieg von Burnout im Verlauf der letzten Jahre (vgl. Liebold D., TU Chemnitz, 2012). Das Deutsches Zentrum für Hochschul- und Wissenschaftsforschung erstellte eine eigene Studie zum Thema "Studienerschwernis Psyche?". Überforderungs- und Erschöpfungsgefühle führen hier das Belastungserleben in Studium und Alltag an (vgl. DZHW, 2013).

Die „Welt" berichtete am 9. Juli 2014, dass 2012 rund 27.700 Studierende die psychologischen Beratungsstellen der Studentenwerke besucht hatten, 2010 waren es rund 23.200, 2003 hingegen nur 11.600. Und auch die Einnahme von Psychopharmaka (10 %) (vgl. TK/Forsa, 2012) und von Medikamenten zum Leistungsdoping (vgl. Liebold, D. TU Chemnitz, 2012) scheint unter Studenten nicht mehr allzu selten zu sein.

Berater in **psychologischen Beratungsstellen** der Universitäten (vgl. Liebold D., TU Chemnitz, 2012) sehen keine gravierenden Unterschiede zwischen einzelnen Studienrichtungen, wohl aber zwischen Männern und Frauen: Nach Auffassung der meisten Berater tun sich gerade männliche Studenten meist sehr schwer, Hilfe anzunehmen. Ihre Probleme äußern sich besonders in Lern- und Arbeitsstörungen. Demgegenüber leiden Studentinnen verstärkt an Stress und Überforderung, verbunden mit psychosomatischen Beschwerden oder depressiven Verstimmungen.

Dies bestätigt zuletzt auch der CampusKompass der Techniker Krankenkasse. So leiden Studentinnen deutlich mehr unter Kopf- und Rückenschmerzen, Schlafproblemen und allgemeiner Erschöpfung (vgl. TK CampusKompass, 2015).

Es wäre auch wünschenswert, studiengangsübergreifende Angebote zu den Themen Lebenskompetenz und Persönlichkeitsentwicklung anzubieten. In der eingangs genannten Studie zeigte sich, dass „ein Grund dafür, dass viele Studierende Schwierigkeiten mit Stress im Studium haben, [...] in der eher geringen Stressresilienz zu sehen (ist), über die Studierende verfügen." Die TU München hat bereits entsprechende Angebote generiert und auch die Universität Münster ist im Fachbereich Medizin damit bereits gestartet.

In der Studie von Frau Prof. Dr. Herbst bestätigte sich, dass, „50 % der Studierenden [...] sich einen Ausbau von Beratungsangeboten im Bereich „Studierendenstress" wünschen. „Rund 80 % davon wünschen sich allerdings, dass dieser Ausbau (auch) durch externe Organisationen vorgenommen wird."

Soweit ein Einblick in die allgemeine aktuelle Lage der Studierenden. Wenn Sie inzwischen neugierig geworden sind, ob Sie sich selbst im ausgeglichenen Bereich befinden oder gefährdet sind, laden wir Sie ein, den folgenden Test durchzuführen. Dieser gibt Ihnen Hinweise dazu. Im nachfolgenden Teil erhalten Sie Anregungen und Impulse, was Sie für sich selbst tun können.

Teil 2: Burnout oder kein Burnout? Ein Test.

Nichts bewahrt uns so gründlich vor Illusionen
wie ein Blick in den Spiegel.

nach Aldous Huxley

Es ist nicht einfach, sich selbst zu erkennen und einzuschätzen. Dieser Test soll Ihnen dabei helfen und ein wenig Ihr Spiegel sein.

Anleitung zur Beantwortung des Fragebogens!

Lesen Sie die folgenden 54 Aussagen. In den Fragen finden Sie typische Verhaltensweisen und Gefühle für die unterschiedlichen Stadien des Burnouts wieder. Entscheiden Sie bei jeder Aussage, ob diese so für Sie zutrifft.

Am Ende des Tests markieren Sie auf dem **Burnout-Barometer** die von Ihnen als zutreffend angekreuzten Aussagenummern. Es ist möglich, dass Sie vielen Aussagen, einigen Aussagen oder auch gar keiner Aussage zustimmen.

Fragen

[1] Ich komme nicht mehr als zweimal in der Woche dazu, Sport zu treiben.
☐ trifft zu | ☐ trifft nicht zu

[2] Ich habe immer wieder das Gefühl, von anderen ausgenutzt zu werden.
☐ trifft zu | ☐ trifft nicht zu

[3] Hoffentlich merkt keiner, wie schwer ich mich gerade tue.
☐ trifft zu | ☐ trifft nicht zu

[4] Es fällt mir leicht, mich in andere hineinzuversetzen.
☐ trifft zu | ☐ trifft nicht zu

[5] Ich weiß oft gar nicht mehr, womit ich anfangen soll oder wo die Prioritäten liegen. Alles ist gleich wichtig.
☐ trifft zu | ☐ trifft nicht zu

[6] Ich schalte gerne einmal online beim Gamen ab.
☐ trifft zu | ☐ trifft nicht zu

[7] Der Satz „Ich will da nicht mehr hin!" beschreibt sehr gut mein Gefühl, wenn ich zur Uni fahre.
☐ trifft zu | ☐ trifft nicht zu

[8] Ich kann ohne Alkohol oder Medikamente praktisch nicht mehr sein, um mein Leben bewältigen zu können.
☐ trifft zu | ☐ trifft nicht zu

[9] Manchmal denke ich mir, wie schön es wäre, wenn alles ein Ende hätte.
☐ trifft zu | ☐ trifft nicht zu

[10] Meine Probleme mit mir nahestehenden Menschen werden immer mehr.
☐ trifft zu | ☐ trifft nicht zu

[11] Ich gehe wegen jeder Kleinigkeit in die Luft und schreie auch Menschen an, die ich mag.
☐ trifft zu | ☐ trifft nicht zu

[12] Dinge, die mir in der Vergangenheit wichtig waren, sind inzwischen bedeutungslos geworden.
☐ trifft zu | ☐ trifft nicht zu

[13] Manchmal habe ich Angst, die Kontrolle über mich und mein Leben zu verlieren.
☐ trifft zu | ☐ trifft nicht zu

[14] Ich habe nur noch wenig Freude an dem, was ich mache.
☐ trifft zu | ☐ trifft nicht zu

[15] Seit einiger Zeit bin ich gefühlloser im Umgang mit anderen geworden.
☐ trifft zu | ☐ trifft nicht zu

[16] Manchmal denke ich, dass ich nur noch funktioniere und jemand anderer die Fernsteuerung über mein Leben in der Hand hat.
☐ trifft zu | ☐ trifft nicht zu

[17] Ich habe nur eine Handvoll Leute, mit denen ich über Sorgen sprechen kann.
☐ trifft zu | ☐ trifft nicht zu

[18] Was um mich herum vorgeht, interessiert mich nicht mehr wirklich.
☐ trifft zu | ☐ trifft nicht zu

[19] Eigentlich ist alles sinnlos.
☐ trifft zu | ☐ trifft nicht zu

[20] Es fällt mir schwer, nach einem Studientag abzuschalten.
☐ trifft zu | ☐ trifft nicht zu

[21] Zu meinen Hobbys komme ich seltener, als mir lieb ist.
☐ trifft zu | ☐ trifft nicht zu

[22] Ich weiß oft gar nicht mehr, was ich fühle.
☐ trifft zu | ☐ trifft nicht zu

[23] Mein sexuelles Verlangen hat nachgelassen.
☐ trifft zu | ☐ trifft nicht zu

[24] Wenn ich entspanne, fange ich sofort an zu grübeln.
☐ trifft zu | ☐ trifft nicht zu

[25] Ich fühle mich leer und ausgelaugt.
☐ trifft zu | ☐ trifft nicht zu

[26] Es fällt mir zunehmend schwer, mich zu konzentrieren.
☐ trifft zu | ☐ trifft nicht zu

[27] Öfter als zweimal in der Woche treffe ich mich nicht mit Freunden.
☐ trifft zu | ☐ trifft nicht zu

[28] Ich bin öfter krank. Manchmal glaube ich, ich nehme jede Infektion mit.
☐ trifft zu | ☐ trifft nicht zu

[29] Ich finde das, was ich lerne, alles so spannend, dass ich oft nicht aufhören kann, mich damit zu beschäftigen.
☐ trifft zu | ☐ trifft nicht zu

[30] Meine Freunde nerven oder langweilen mich eigentlich nur noch.
☐ trifft zu | ☐ trifft nicht zu

[31] Ich spüre, dass es ohne mich in meiner Lerngruppe nicht geht.
☐ trifft zu | ☐ trifft nicht zu

[32] Meine Gedanken kreisen auch vor dem Einschlafen um das Studium.
☐ trifft zu | ☐ trifft nicht zu

[33] Manchmal bin ich im Verkehr unterwegs und hoffe, dass ich einen Unfall habe.
☐ trifft zu | ☐ trifft nicht zu

[34] Ich will nur noch meine Ruhe haben, daher habe ich alle Kontakte aufgegeben.
☐ trifft zu | ☐ trifft nicht zu

[35] Ich arbeite für das Studium immer mehr.
☐ trifft zu | ☐ trifft nicht zu

[36] Ich wache regelmäßig nachts auf und beginne, über etwas nachzudenken, sodass ich dann länger wach liege.
☐ trifft zu | ☐ trifft nicht zu

[37] Ich würde mich gerne besser ernähren, wenn ich die Zeit dafür hätte.
☐ trifft zu | ☐ trifft nicht zu

[38] Mir kann eh keiner mehr helfen.
☐ trifft zu | ☐ trifft nicht zu

[39] In der letzten Zeit habe ich eine oder mehrere Zusatzaufgaben angenommen.
☐ trifft zu | ☐ trifft nicht zu

[40] Ich bin sehr oft müde und erschöpft.
☐ trifft zu | ☐ trifft nicht zu

[41] Seit einiger Zeit begleitet mich ein Pfeifen oder Brummen im Ohr.
☐ trifft zu | ☐ trifft nicht zu

[42] Manchmal nehme ich das, was andere denken, mehr als Maßstab als meine eigene Meinung.
☐ trifft zu | ☐ trifft nicht zu

[43] Wenn mir alles bis oben steht, schreie ich schon mal los oder reagiere mich sonst ab.
☐ trifft zu | ☐ trifft nicht zu

[44] Ich brauche viel Anerkennung und Lob und arbeite dafür sehr hart.
☐ trifft zu | ☐ trifft nicht zu

[45] Ich bin in meinen Aussagen oft ziemlich zynisch.
☐ trifft zu | ☐ trifft nicht zu

[46] Ich weiß nicht mehr, wie es weitergehen soll.
☐ trifft zu | ☐ trifft nicht zu

[47] Manchmal denke ich, dass es nicht reicht, was ich leiste.
☐ trifft zu | ☐ trifft nicht zu

[48] Alles, was ich fürs Studium nicht erledigt habe, erledige ich nachts oder am Wochenende.
☐ trifft zu | ☐ trifft nicht zu

[49] Ich bin mit meinem Leben nicht zufrieden und fühle mich oft innerlich zerrissen.
☐ trifft zu | ☐ trifft nicht zu

[50] Ich helfe anderen gerne, auch wenn es mich Zeit kostet.
☐ trifft zu | ☐ trifft nicht zu

[51] Ich habe das Gefühl, dass ich für mein Studium zu hart arbeite.
☐ trifft zu | ☐ trifft nicht zu

[52] Ich bin innerlich vollkommen verzweifelt über meine Situation.
☐ trifft zu | ☐ trifft nicht zu

[53] Ich habe oft Nackenschmerzen oder Kopfschmerzen.
☐ trifft zu | ☐ trifft nicht zu

[54] Chronische Schmerzen begleiten mich und der Arzt kann keine Ursachen finden.
☐ trifft zu | ☐ trifft nicht zu

Burnout-Barometer

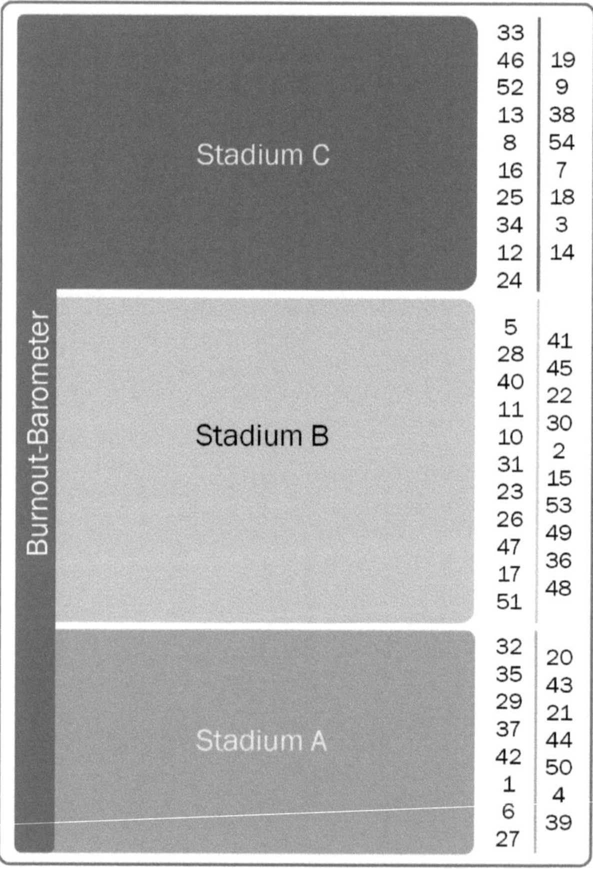

Die Nummern der zutreffenden Fragen bitte ankreuzen.

▶ *Tipp!*

Beschummeln Sie sich nicht selbst, indem Sie sich glücklich reden. Es zählt das Kreuzchen, das am weitesten oben steht: nehmen Sie sich bitte ernst!

Quelle: Test adaptiert nach Bergner T.M.H., (2007).

Auswertung

Nachdem Sie nun auf der obigen Skala die für Sie zutreffenden Aussagenummern markiert haben, sehen Sie sich das Ergebnis in Ruhe an. Es kommt nur darauf an, bis wohin Ihre Symptome auf der Skala reichen. In welchem Farbbereich steht Ihr oberstes Kreuzchen? Es spielt keine Rolle, wie viele Kreuze Sie insgesamt gesetzt haben. Da die Symptome der früheren Stadien nicht unbedingt aufhören, wenn die Erschöpfung voranschreitet, kann es sein, dass Sie einige Kreuze im mittelgrauen Bereich gesetzt haben, wenige im hellgrauen und vielleicht sogar nur eines im dunkelgrauen Bereich. Was bedeutet das für Sie?

- Grau (Stadium A) steht für die **Anfangsphase** von Burnout. Sie ist am ehesten gekennzeichnet durch hohe Aktivität.
- Hellgrau (Stadium B) ist die **Rückzugsphase**, in der der Betroffene sowohl auf der Flucht vor sich und seinen Problemen als auch auf dem Rückzug vor den Anforderungen des Alltags ist. Die Grundgefühle sind Furcht und Aggression.
- In der dunkelgrauen und letzten Phase (Stadium C) fühlt sich der Betroffene isoliert und reagiert mit einer Art **Lähmung**. Er ist passiv.

Selbst wenn Sie nur ein einziges Kreuzchen im dunkelgrauen Bereich angekreuzt haben, bedeutet das: Sie müssen sich Hilfe holen! Vielleicht haben Sie auch nur zwei Kreuzchen gesetzt, eines im mittelgrauen, eines im hellgrauen Bereich. Auch dann sollten Sie sich zumindest mit sich selbst auseinandersetzen und die aktive Selbsthilfe in Angriff nehmen. Wenn Sie im mittelgrauen Bereich sind, können Sie sich mit dem Bereich der Vorbeugung beschäftigen, damit Sie für weitere Herausforderungen gut gerüstet sind.

Damit Sie mit diesem Ergebnis nicht sich selbst überlassen sind, haben wir im folgenden Teil des Buches Strategien zusammengestellt, die Ihnen helfen sollen, sich zielstrebig in Richtung des mittleren Bereichs zu entwickeln.

Teil 3: Strategien gegen Burnout – präventiv und kurativ

Gib mir die Gelassenheit,
Dinge hinzunehmen, die ich nicht ändern kann.

Gib mir den Mut, Dinge zu ändern,
die ich ändern kann.

Und gib mir die Weisheit,
das eine vom anderen zu unterscheiden.

frei zit. nach Reinhold Niebuhr

▶ *Tipp!*

Wie arbeiten Sie mit diesem Teil des Buches? Beginnen Sie am besten mit dem Bereich, der Ihre aktuelle Situation widerspiegelt (mittelgrau, hellgrau oder dunkelgrau). Anschließend lohnt es sich sicherlich, auch einen Blick in die Strategien gegen Burnout der davor liegenden Farbbereiche zu werfen. Sie können natürlich auch von diesen Übungen profitieren. Die Anregungen aus dem mittelgrauen Bereich A sind für jeden Menschen wirkungsvoll, auch wenn er keinerlei Burnout-Symptome hat. Die Übungen helfen dabei, auch in Zukunft keine zu entwickeln.

1 Stadium A: Prävention

Prävention bedeutet Vorsorge. Wenn Sie für mehrere Tage in die Berge gehen, packen Sie alles in einen Rucksack, was Sie unterwegs brauchen könnten, unabhängig davon, wie das Wetter wohl werden wird. Die Cap, die Funktionsjacke, den Fleece, das GPS, die Karte. Auch wenn Sie nicht alles davon brauchen werden, sind Sie gut gerüstet und können relativ sorglos durch den Tag gehen. Genauso ist die psychische Prävention eine „Ausrüstung“ für die Eventualitäten des Lebens.

1.1 Aufbau von Stabilität durch Balance der Lebensbereiche (Säulen der Identität)

Es gibt verschiedene Modelle und Theorien dazu, was einen Menschen psychisch stabil macht. Ein Fokus liegt auf einer ausgewogenen Energiebilanz. Damit Sie überhaupt eine Energiebilanz ziehen können, ist es erforderlich, sich darüber klar zu werden, wie Sie mit Ihrer Energie umgehen. Um Sie darin zu unterstützen, gibt es eine relativ einfache Übung (vgl. Kolitzus H., 2003):

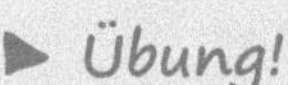

Energiekreis

Zeichnen Sie auf ein A4-Blatt zwei Kreise nebeneinander auf. Den einen beschriften Sie mit „Woher kommt meine Energie?", den anderen mit „Wohin geht meine Energie?". Füllen Sie dann die beiden Kreise wie zwei Tortendiagramme aus, indem Sie überlegen, aus welchen Lebensbereichen Sie Energie beziehen und in welche Lebensbereiche Ihre Energie abfließt. Je nachdem wie groß der jeweilige Bereich ist, bekommt er einen größeren oder kleineren Teil der Torte – ein Beispiel dafür finden Sie unten. Die Teile Ihres Tortendiagramms können ganz andere sein.

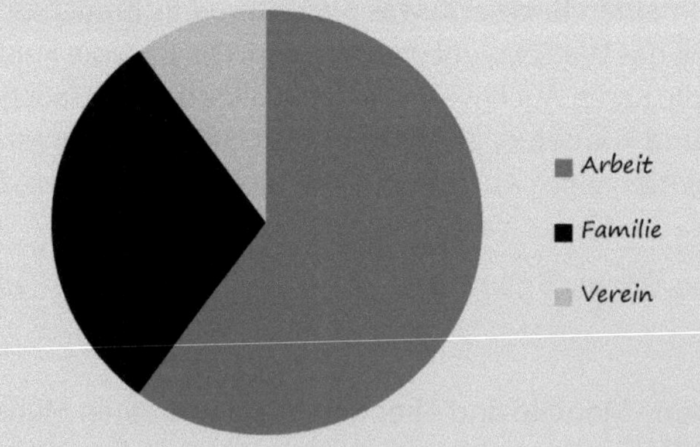

Abb. 8: Beispiel für einen Energiekreis

Wenn Sie das getan haben, dann betrachten Sie Ihre zwei Kreise und überlegen Sie, was Ihnen daran auffällt. Die folgenden Fragen sollen Ihnen dabei helfen:

- Welcher Kreis hat sich schneller gefüllt? Der Kreis mit den **Energiequellen** oder der Kreis mit den **Energiefressern**? Wenn Sie sofort wissen, welche Bereiche Sie Energie kosten, aber länger darüber nachdenken müssen, woher Sie eigentlich Energienachschub bekommen, kann das ein Hinweis darauf sein, dass Sie Ihre Energiequellen besser pflegen müssen.
- Wie viele unterschiedliche Energiequellen haben Sie identifiziert? Sie sollten versuchen, ausreichend viele und unterschiedliche Quellen für Ihre „Energietankstelle" zu finden. Wenn Sie nur eine oder zwei Quellen haben, macht Sie das sehr abhängig, vor allem, wenn eine davon versiegt. Je breiter Sie sich aufstellen, umso stabiler werden Sie stehen. Hinweise dazu finden Sie im weiteren Verlauf des Buches.
- Wie viel Zeit widmen Sie den einzelnen Bereichen? Stehen Energieaufwand und Energieertrag in einem sinnvollen Verhältnis? Sollten Sie Ihren zeitlichen Aufwand in Richtung Energiequellen verschieben?
- Fragen Sie sich abschließend, ob die Bereiche in Ihren beiden Kreisen kongruent sind. Wenn Sie z. B. Studium nur auf der Energiefresserseite notiert haben, nicht aber auf der Energiequellenseite, dann haben Sie möglicherweise einen einseitigen Blick auf die Dinge oder das verkehrte Studienfach gewählt. Wenn Sie Familie nur auf der Energiequellenseite notiert haben, nicht auf der Energiefresserseite, dann vernachlässigen Sie entweder Ihre Familie oder nehmen Ihren eigenen energetischen Einsatz für die Familie nicht wahr. Denn letztlich sollte jeder Bereich langfristig eine ausgewogene Energiebilanz besitzen. Wenn Sie herausgefunden haben, dass es Lebensbereiche gibt, die Sie tatsächlich nur

Energie kosten, sollten Sie überlegen, diese aus Ihrem Leben zu entfernen. Vielleicht studieren Sie das Falsche, vielleicht halten Sie an einer Partnerschaft fest, hinter der Sie nicht stehen. Das ist natürlich nicht leicht zu entscheiden. Diese Übung kann nur ein Hinweis darauf sein, sich solchen Themen einmal zu stellen.

Diese Übung können Sie in zeitlichen Abständen zu Ihrer eigenen Standortbestimmung immer wieder einmal durchführen.

In welchen Lebensbereichen sollten Sie denn gut aufgestellt sein, damit Sie nichts so schnell umwirft? Das Modell der **Säulen der Identität** von Petzold (vgl. Petzold H., 1988) gibt Ihnen Aufschluss darüber. Idealerweise sollte jede der folgenden fünf Säulen in Ihrem Leben verankert sein.

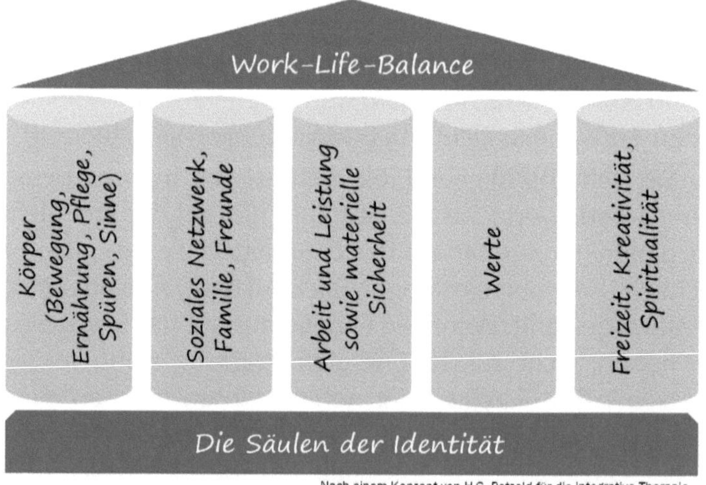

Abb. 9: Säulen der stabilen Identität

1.1.1 Körper

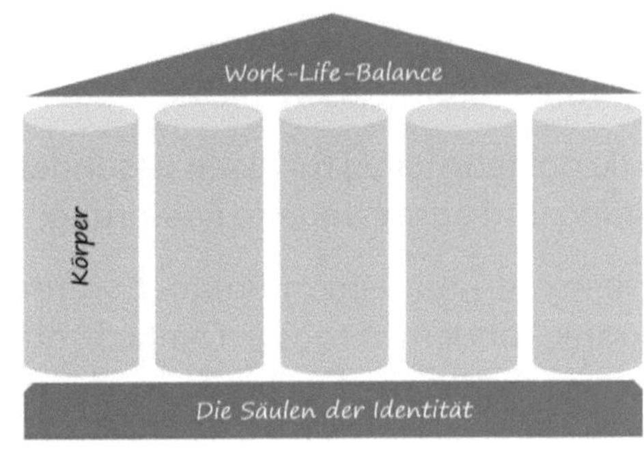

Jeder weiß, dass Bewegung Stress abbaut, und vielleicht haben Sie bei diesem Thema ein schlechtes Gewissen, weil Sie immer das Gefühl haben, viel sportlicher sein zu müssen. Doch wie viel Bewegung brauchen wir? Gehen wir in die Zeit zurück, als die Menschen noch in der Steppe lebten: Damals legten sie pro Tag mindestens 20 bis 30 km zu Fuß zurück – egal, ob als Jäger oder Sammler. Realistisch gesehen kommt der moderne Mensch auf 2 bis 5 km am Tag. Das bedeutet nicht, dass wir jeden Tag noch zehn Kilometer joggen gehen müssen. Doch zweimal in der Woche eine halbe Stunde **Sport** mit einem Puls von ca. 130 Schlägen wäre sinnvoll. Eine Möglichkeit wäre es bereits, abends als Abendritual etwas schneller als im Schlendergang einen Spaziergang um den Block zu machen. Dies hilft, den Stresslevel des Tages zu senken. Natürlich darf es auch mehr sein. Ein trainierter Körper fühlt sich gut an, vermittelt eine stabile Mitte (Bauch und Rückenmuskeln) und stärkt das Selbstbewusstsein. Auf der anderen Seite sollten Sie auch nicht übertreiben. Wenn man bereits angeschlagen ist, ist es nicht hilfreich, die letzten Energiereserven auf körperlicher Ebene auszugeben. Mehr zum Thema Sport finden Sie im → *Teil 3/Kapitel 2.3.1 „Bleiben Sie in Bewegung"* im Abschnitt *„Aktive Selbsthilfe"*.

Beim Thema Körper kommt man nicht umhin, sich auch mit der **Ernährung** auseinanderzusetzen. Ein Thema, bei dem es inzwischen viele Experten, Schulen, Ansichten und zum Teil einander widersprechende Studien gibt. So ist ein Lebensbereich, der eigentlich ganz „natürlich" ist, zur Quelle des ewig schlechten Gewissens geworden. Auch normalgewichtige Menschen quälen sich mit Gedanken wie „Ich müsste viel mehr Gemüse essen!", „Wo bleiben denn die Vitamine?", „Fleisch ist ungesund!" und vieles mehr. Man muss keine Ernährungstheorie favorisieren.

Die goldene Regel für einen gesunden Körper ist sehr einfach: Ausreichend Bewegung und ausgewogene Ernährung.

Menschen mit einem Burnout werden meist nicht wegen einer Fehlernährung krank, sondern vergessen einfach, gut für sich zu sorgen. Dieses Fehlverhalten ist oft die Folge von Erschöpfung. Typisches Verhalten: Wegen des hohen Stresslevels wird ständig Glukose in Form von Süßigkeiten nachgeschoben. Sie vergessen zu essen („Dafür habe ich jetzt keine Zeit!"). Sie kochen nicht mehr für sich („Lohnt sich nicht für mich alleine!") – und leben von Pizza und Fertiggerichten. Frisches Obst und Gemüse verschwindet vom Speiseplan. Die Folgen sind Gewichtsverlust oder massive Gewichtszunahme. Hinzu kommen Vitamin- und Nährstoffmangel durch unausgeglichene Ernährung.

► *Tipp!*

Meiden Sie Fastfood. Falls es dennoch schnell gehen soll, greifen Sie lieber zu einem Döner mit viel Salat oder zu einer asiatischen Nudelbox. Verzichten Sie auf fette Pizza oder Hamburger und andere Fett- oder Kohlehydratbomben aus dem Fastfood Restaurant.

Gesunde Ernährung geht ganz einfach: Kaufen Sie Ihre Lebensmittel so frisch wie möglich ein und essen Sie vielseitig. Unsere Empfehlung: Wenn es die Zeit zulässt, kochen Sie so oft wie möglich selber. Das ist einfach, geht schnell und spart nebenbei noch eine Menge Geld. Jeder Discounter bietet heute Obst und Gemüse, aber auch Fisch und Fleisch zu vernünftigen Preisen in guter Qualität an. Zusammen mit Freunden kann sich daraus ein lustiger Abend und wohltuender Ausgleich zum stressigen Studienalltag entwickeln.

Achten Sie bei der Zusammenstellung Ihres Speiseplans auf den ausgewogenen Mix von Eiweiß, Kohlehydrate und Fett. Zudem ist es wichtig, ausreichend zu trinken. Pro Tag sollten das mindestens 1,5 Liter sein. Die besten Durstlöscher sind Wasser, Saftschorlen, ungesüßter Kräuter- oder Früchtetee. Vermeiden Sie zuckerhaltige Getränke. Diese liefern Energie ohne Nährstoffe und tragen ursächlich zu Übergewicht bei. Halten Sie darüber hinaus Ihren Alkoholkonsum in Grenzen.

Gesunde Ernährung besteht aus ausreichend Obst und Gemüse. Dazu Eier, Milch, fettarmer Käse und ab und zu mageres Fleisch oder Fisch. Vegetarier greifen auf Soja und Hülsenfrüchte zurück. Kohlehydrate kommen aus Obst, aber auch aus Nudeln und Brot. Olivenöl ergänzt wunderbar viele Gerichte und liefert dazu jede Menge wertvolle Fettsäuren.

Es gibt gesunde Veganer, gesunde Vegetarier, gesunde Allesesser, gesunde Fans der südeuropäischen Küche und gesunde Menschen, die sich nach Ayurveda-Prinzipien ernähren. Grundsätzlich gelten drei Prinzipien:

- zu viel Gemüse gibt es nicht
- alles schmeckt nur in Maßen
- Sie dürfen das Essen genießen

Gerade Letzteres geht allzu oft verloren. Etwas, das von unseren südlichen Nachbarn Italien, Frankreich und Spanien deutlich mehr gelebt wird. In unserem Kulturkreis nehmen wir häufig Nahrung auf, anstelle lustvoll zu essen. Genau das wollen wir Ihnen ans Herz legen. Führen Sie einmal folgende Übung durch; das Nahrungsmittel können Sie je nach Jahreszeit und Angebot variieren. Wenn es gerade keine Clementinen gibt, geht es genauso gut mit Nussschokolade, Weintrauben, Himbeeren oder Ähnlichem.

Eine Clementine mit allen Sinnen essen

Nehmen Sie die Clementine in die Hand. Wie fühlt sie sich an? Kühl, wächsern die Schale, spüren Sie die kleinen Vertiefungen, wenn Sie mit der Fingerkuppe darüberstreichen. Sie liegt gut in der Hand, wie eine kleine Kugel. Wie sieht sie aus? Ein wunderbares Orange, manchmal noch ein grünes Blatt oben am Stiel, eine tolle Form, dieses Rund! Riechen Sie mal daran. Auch vor dem Schälen ahnt man schon den Zitrusduft.

Zugegeben, akustisch gibt sie wenig her …

Aber ritzen Sie mit dem Fingernagel in die Schale und ziehen ein kleines Stück davon ab – innen ist sie weiß und faserig und nun riechen Sie den Zitrusduft noch viel deutlicher. Vielleicht wollen Sie die Schale in einem Stück abschälen – dann haben Sie eine Form wie ein Seeigel (und können diesen an einem warmen Platz trocknen lassen – vom Geruch haben Sie dann noch lange etwas). Schauen Sie sich an, wie die Außenhäute der einzelnen Stückchen aneinander kleben – wie ein Klettverschluss im Kleinen. Ziehen Sie sie vorsichtig auseinander und dann stecken Sie erst ein kleines Stück in den Mund. Erst mal daran lutschen. Noch schmeckt es ziemlich neutral. Dann beißen Sie auf das Stück. Puuhh, sauer dieser Saft und vielleicht auch schon ein bisschen süßlich. Kauen Sie länger auf dem Stück herum. Es wird erst immer süßer und dann, nachdem der ganze Saft draußen ist kann es auch etwas bitter schmecken. Und erst dann schlucken Sie den Rest des Stücks hinunter und nehmen sich das nächste Stück. Schließen Sie die Augen und überlegen Sie, ob Ihnen zum Geschmack Bilder in den Sinn kommen. Vielleicht erinnern Sie sich an Situationen aus Ihrer Kindheit, kurz vor Weihnachten.

So viel steckt in einer einzigen Clementine! Was für ein Ereignis für die Sinne, wenn Sie bereit sind, es einmal tatsächlich wahrzunehmen!

Natürlich geht es nicht darum, jedes Essen so auseinanderzunehmen. Aber etwas mehr Wahrnehmung schadet nicht und ist trainierbar. Man spricht dann von **Genusstraining** (vgl. Kaluza G., 2004) – außerdem essen Sie auf diese Weise automatisch langsamer – und werden schneller satt, denn der Magen reagiert in erster Linie auf das Füllvolumen, nicht so sehr auf die Inhaltsstoffe.

Noch ein Wort zu **Nahrungsergänzungsmitteln**. Mit dem heute verfügbaren Nahrungsangebot ist rund um das Jahr eine so vielseitige Ernährung gesichert, dass es praktisch keine Mangelzustände gibt, die mit Ergänzungspräparaten ausgeglichen werden müssten. Es ist aber durchaus sinnvoll, einmal den **Vitamin-D-Spiegel** überprüfen zu lassen, weil es tatsächlich einen Zusammenhang zwischen diesem und der Stimmung gibt. Kaufen Sie Ihre Lebensmittel so frisch wie möglich ein und versuchen Sie, vielseitig zu essen, dann machen Sie schon viel richtig. „Gesundes Essen hält Leib und Seele zusammen" ist ein alter Spruch, der wahr ist.

Menschen im Burnout werden übrigens meist nicht wegen einer Fehlernährung krank, sondern vergessen einfach, gut für sich zu sorgen. Die Fehlernährung ist oft die Folge von Erschöpfung. Sie schieben wegen des hohen Stresslevels z. B. ständig Glukose nach – in Form von **Süßigkeiten** – dabei nehmen sie zu. Sie vergessen zu essen – „Dafür habe ich jetzt keine Zeit!" und nehmen ab. Sie kochen nicht mehr für sich „Lohnt sich nicht für mich alleine!" – und leben von Pizza und Fertiggerichten. Sich Zeit für sich und seine Bedürfnisse zu nehmen ist wichtiger, als neue Vorschriften darüber, welche Inhaltsstoffe das Essen haben sollte.

Pflege. Spüren. Sinne. Nicht ohne Grund gibt es parallel zur Zunahme von Burnout den **Wellnesstrend**. In einer Zeit, in der immer weniger Gelegenheit für Genuss und den Einsatz von unseren Sinnen bleibt, steigt das Bedürfnis nach Kompensation. Wir wollen wahrnehmen: Wärme, Wasser, Sonne, Berührung, Massagen, Düfte. Sich regelmäßig massieren zu lassen und dabei einmal nichts leisten zu müssen ist eine wunderbare Möglichkeit, aus dem Stress für eine Weile auszusteigen. Auch ein warmes Bad mit gutem Duft wirkt entspannend und hilft beim Abschalten. Wer sich Zeit nimmt, seinen Körper zu pflegen, begegnet sich selbst mit Wertschätzung, denn was uns wichtig ist, dafür nehmen wir uns Zeit. Eine Pflegestunde am Wochenende ist ein Mini-Wellnessprogramm, das Sie gut zu Hause durchführen können und nicht viel kosten muss. Auch ein Besuch in der Sauna mit dem Mut, tatsächlich ins eiskalte Wasser nach der Wärme zu tauchen, kann helfen, sich wieder ein Stück auf der Körperebene besser zu spüren.

Nachdem Sie nun Informationen über den körperlichen Aspekt gelesen haben, erfahren Sie mehr über die Bedeutung der weiteren Aspekte, die Sie bei der Prävention eines Burnouts unterstützen.

1.1.2 Soziales Netzwerk

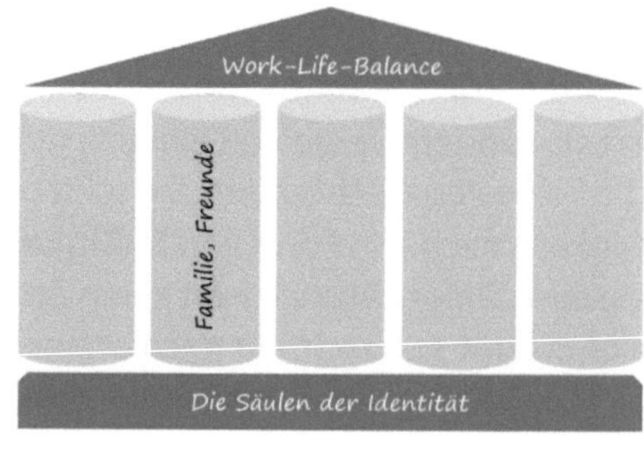

Damit sind nicht Plattformen wie Snapchat oder Instagram gemeint, sondern Menschen aus Fleisch und Blut! Menschen sind soziale Wesen und brauchen den Austausch mit anderen – das haben Sie im → *Teil 1* des Buches schon gelesen. Es ist wichtig für uns, Freundschaften zu pflegen, mit anderen zu essen, zu reden, unsere Freizeit zu verbringen, gemeinsam etwas zu erleben und uns darüber auszutauschen. Genauso wichtig ist es, in Gesellschaft Gedanken zu spinnen, Sorgen loszuwerden. Es ist wichtig, zu überprüfen, wie unsere Einstellungen von anderen gesehen werden. Nur so können wir uns in einem Gesellschaftsgefüge einordnen und erfahren, wo wir im Vergleich zu anderen stehen. Wir brauchen Menschen aus unterschiedlichen Lebensbereichen, wie Kommilitonen, Partner, enge Freunde, Leute, mit denen wir Hobbys teilen, Sport machen, in einem Verein sind, Familie, Geschwister und Mentoren, um ein Bild von der Welt zu erhalten und uns selbst weiterzuentwickeln. Natürlich benötigen wir auch Zeit für uns alleine – sogar sehr notwendig – aber eben nur für eine Weile, dann brauchen wir auch wieder Austausch und Inspiration von außen. Das heißt nicht, dass Sie ständig unterwegs sein müssen, denn nicht alle Menschen werden Sie gleich häufig sehen wollen oder müssen. Wenn möglich, beschränken Sie sich aber nicht zu sehr auf eine bestimmte Gruppe oder womöglich nur auf eine Person. Freundschaften zu pflegen kostet manchmal Energie, gibt aber auch Energie. Achten Sie darauf, dass diese Bilanz über die Zeit ausgewogen ist.

Wenn Sie Menschen um sich haben, die **Energieräuber** sind, distanzieren Sie sich von ihnen. Idealerweise haben Sie diese bereits in der Übung mit den Energiekreisen identifiziert. Es gibt Leute, die ständig auf der Nehmerseite sind und andere als „Dauermülleimer" für ihre Sorgen benutzen, die sich nur melden, wenn sie etwas brauchen, die nicht zuhören können, die anderen keine Wertschätzung entgegenbringen. Überlegen Sie sich gut, ob sie auf solche Freunde nicht besser verzichten wollen. Ein jährlicher Gang durch die Kontaktdaten lohnt sich meist – vielleicht wollen Sie Platz machen für neue Kontakte, die Ihnen mehr Energie geben.

> Eine Übung zur Vertiefung des Themas „soziale Kontakte" finden Sie im → *Teil 3/ Kapitel 2 „Aktive Selbsthilfe"*.

Eine Übung, bei der Sie das Feedback Ihres sozialen Netzwerks nutzen können und sollen, ist die Konzentration auf Ihre Stärken. Häufig konzentrieren wir uns auf unsere Defizite und auf das, was wir noch besser machen sollten. Viel seltener machen wir uns bewusst, was wir gut können, was unser Rüstzeug ist, das einfach schon vorhanden ist. Wir wollen Sie ermutigen, einmal aus diesem Blickwinkel auf sich selbst zu sehen.

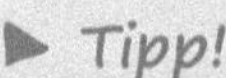

Eigene Stärken wahrnehmen.

Nehmen Sie sich ein leeres A4-Blatt und versuchen Sie, Antworten auf die folgenden Fragen zu finden:

- Was sind meine Stärken?
- Was fällt mir leicht?
- Worauf kann ich stolz sein?
- Was ist liebenswert an mir?
- Wofür mag ich mich selbst?
- Was würde ich um nichts in der Welt eintauschen wollen gegen andere Eigenschaften?

Wenn Sie auf alle Fragen geantwortet haben, sollten sie als Ergebnis eine Liste von Eigenschaften oder Errungenschaften vor sich haben.

Bitten Sie dann in einem zweiten Schritt mindestens 5 Leute aus unterschiedlichen Lebensbereichen, Ihnen schriftlich die ersten fünf Fragen ebenfalls zu beantworten. Die 5. Frage heißt dann natürlich entsprechend: Wofür magst du mich?

Unterschiedliche Lebensbereiche kann z. B. heißen: ein Elternteil, Geschwister, alte Freunde, Kommilitonen, Leute, die Sie vom Sport oder Hobby her kennen, Menschen aus einem Arbeitskreis, Ihr Partner .... Scheuen Sie sich nicht, nur um Feedback für Ihre Stärken zu bitten. Die Schwächen interessieren Sie hier jetzt nicht. Das können Sie auch so kommunizieren. Und keine Angst: Die meisten Menschen geben Ihnen diese Auskunft gerne und sind nicht halb so irritiert, wenn Sie sie darum bitten, wie Sie es im ersten Moment vielleicht glauben. Auch auf die Frage „Warum willst du das wissen?" reicht meist die einfache Antwort: „Weil ich mich gerade mit mir selbst auseinandersetze."

Wenn Sie die Antworten haben, lesen Sie sie erst einmal bewusst durch und genießen Sie sie. Vielleicht sind Sie überrascht, was Sie da alles über sich lesen. Vielleicht ist Ihnen gar nicht bewusst, wie viele Stärken Sie haben. Und dann nehmen Sie sich ein großes A3-Blatt und schreiben Sie als Überschrift: MEINE STÄRKEN. Darunter schreiben Sie alles in der Ich-Form, was Sie selbst gefunden oder von anderen als Feedback erhalten haben. Am Ende sollten Sie eine lange Liste haben, bei der jeder Punkt beginnt mit: „Ich bin ..." oder „Ich habe ..." oder „Ich kann ..."

Hängen Sie diese Liste sichtbar an einen Ort in Ihrem Zimmer oder Ihrer Wohnung, an dem Sie öfter am Tag vorbeikommen und bleiben Sie mindestens dreimal am Tag davor stehen und machen Sie sich bewusst, wie viele Stärken Sie haben.

1.1.3 Arbeit, Leistung und materielle Sicherheit

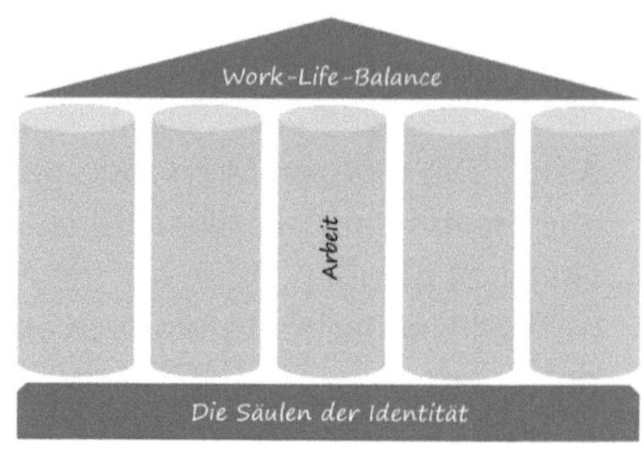

Ein Kapitel, das für Studenten adaptiert werden muss. Sie sind ja noch auf dem Weg zu „Ihrer" Arbeit. Dennoch gilt es, einen Sinn oder eine Aussicht auf Sinn in Ihrem späteren Job zu sehen. Wir Menschen tragen als Teil einer Gesellschaft gerne zu einem größeren Ganzen bei und das am besten mit unseren ganz speziellen Gaben. Das, was wir gut können und gerne tun, stellen wir gerne zur Verfügung. Dann fühlen wir uns wirksam und erbringen gerne Leistung. Dann erleben wir Zufriedenheit und erhalten Anerkennung.

In der Diskussion um Stresskrankheiten kommt immer wieder dasselbe Argument: Zu viel Arbeit macht den Menschen gestresst und krank. Doch woher kommt es, dass es Menschen gibt, die die ganze Woche durcharbeiten und kerngesund sind? So schreibt Lothar Seiwert in seinem Buch "Ausgetickt", dass nicht das Maß der Arbeit der Auslöser für Stress ist, ebenso wenig wie fehlendes Zeitmanagement, sondern die innere Einstellung und der Grad an Fremdbestimmung, den wir zulassen. So führt er als Beispiel hierfür den Dalai Lama an, dessen Terminkalender zum Bersten voll ist und dem es trotzdem gelingt, der Inbegriff der Gelassenheit zu sein. Sein Geheimnis: Er macht sich von niemanden abhängig und lässt sich auch nicht durch Meinungen und Geschmäcker anderer lenken. Insofern verfügt er über ein hohes Maß an Selbstbestimmung und setzt seine Prioritäten bewusst (vgl. Seiwert, 2011).

Es ist daher sinnvoll, sich über seine Gaben, Motivationen, Werte und Vorstellungen Gedanken zu machen und diesen einmal ein konkretes Bild zu geben – wohl wissend, dass durch die Realität dieses Idealbild noch einmal deutlich korrigiert werden kann.

> Für diesen Punkt empfehlen wir Ihnen die Übung „Visionsreise" in → *Teil 3/2.1 „Aufbau von Resilienz"* sowie die → *„Entwicklung einer Lebensvision" in Teil 3/ Kapitel 2.8.*

Manche Menschen tun sich schwer, innere Bilder zu entwickeln. Dann können Sie sich Ihrem Visionsbild Ihres Lebens über „geliehene Bilder" nähern.

▶ Übung!

Visionscollage

Besorgen Sie sich eine Anzahl von Magazinen zu ganz unterschiedlichen Lebensbereichen und Themen (es müssen nicht die neuesten Ausgaben sein). Blättern Sie diese Hefte durch und sehen Sie sich die Bilder an. Die Bilder, die in Ihnen den Gedanken „Das hätte ich gerne in meinem Leben!" auslösen, reißen oder schneiden Sie aus. Damit sind nicht nur materielle Dinge gemeint, sondern auch Stimmungen, Umgebungen, Menschen in Interaktion etc. Wenn Sie einen ganzen Stapel solcher Bilderschnipsel gesammelt haben, breiten Sie sie um sich herum aus und setzen Sie sich in die Mitte davon und schauen Sie sich diese Sammlung einmal an. Wie fühlt es sich an, von diesen Bildern umgeben zu sein? Danach bilden Sie folgende Überschriften: Ich, Partner oder Familie, Freunde, Beruf und Arbeit, Freizeit, Wohnen. Sie können wählen, ob Sie diese Überschriften auf Metaplankarten sichtbar machen wollen. Nehmen Sie ein leeres Blatt eines Flipchart-Blocks und kleben

Sie die Ausschnitte in diesen 6 Kategorien zusammen – es gibt keine bestimmte Anordnung, die Sie dafür einhalten müssen. Sie schaffen dadurch Ihre ganz persönliche Vision Ihres Lebens in Bildern. Hängen Sie diese Flipchart-Collage in Ihrem Zuhause an einen Ort, an dem Sie sie sehen können, wenn Sie ruhige Minuten haben.

Bilder helfen dabei, direkt an Bedürfnisse und Wünsche anzudocken – unter Umgehung des Denkens, das uns oft im Kreis drehen lässt. Bilder helfen, innere Bilder und Gefühle zu generieren. Ohne ein inneres Bild von unserem Ziel haben wir oft nicht genug Energie, auf dieses Ziel loszugehen.

1.1.4 Werte

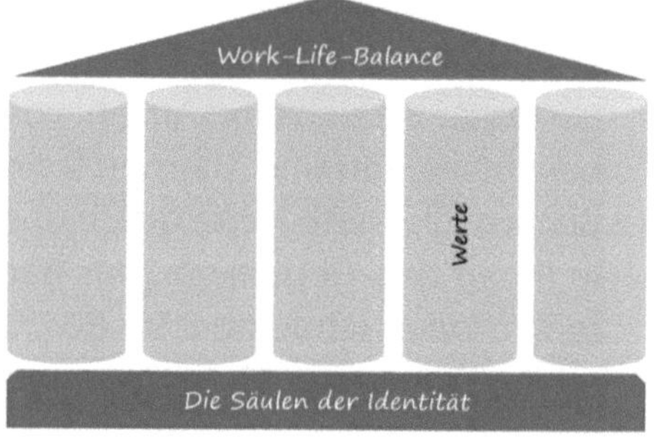

Wenn in Seminaren oder Vorträgen die Frage auftaucht, wer auf Anhieb seine drei wichtigsten Werte nennen kann, herrscht häufig verwirrtes Schweigen. Ganz wenige Menschen sind sich ihrer Werte bewusst. Dabei sind sie unsere innere Richtschnur, nach der wir unser Leben ausrichten und unser Umfeld und unsere Situationen beurteilen. Sie steuern unser Handeln und spielen eine große Rolle, wenn wir Entscheidungen treffen müssen. Gute Gründe also, sich einmal anzusehen, welche Werte SIE haben. Werte müssen nicht ein ganzes Leben lang gleich bleiben, sie können sich wandeln. Häufig übernehmen wir während unserer Sozialisierung zunächst die Werte, die in unserem Elternhaus gelten – wir haben ja meist keinen Vergleich und so auch zunächst keine Wahl. Während der Pubertät wandelt sich das oft zum ersten Mal, aber auch später gibt es immer wieder Gelegenheiten, zu denen wir unser Wertesystem verändern und anpassen. So lohnt es sich, immer wieder einmal erneut einen **Wertecheck** zu machen, damit Sie sich bewusst darüber sind, welche inneren Regeln gerade für Sie wichtig sind.

Wie bekommen Sie heraus, welche Ihre Werte sind? Es gibt ganze Workshops zu diesem Thema, die mit verschiedenen methodischen Konzepten arbeiten. Steigen Sie doch mit folgender Liste in das Thema ein.

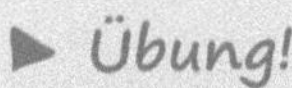

Werteliste

Kreuzen Sie in der folgenden Liste die für Sie wichtigen Werte an. Sie können die Liste auch selbst um die Werte ergänzen, die Ihnen möglicherweise fehlen. Sie können auch Freunde fragen, ob sie diese Liste für Sie durchsehen. Vielleicht fällt jemand anderem noch ein Wert auf, der Ihnen selbst in seiner Wichtigkeit für Sie gar nicht so bewusst war.

Wählen Sie im nächsten Schritt dann die fünf wichtigsten Werte aus. Das ist für viele der schwierigste Schritt. Fragen Sie sich dabei, in welchen konkreten Situationen in Ihrem Leben dieser Wert sichtbar wird. In Ihrem Verhalten, Ihrem Denken, Ihren Interaktionen mit anderen Menschen?

Was würde sich in Ihrem Leben verändern, wenn dieser Wert nicht vorhanden wäre? Wenn Sie auf alles andere verzichten müssten, nur nicht auf diesen einen Wert, welcher wäre es? Auf diese Weise kommen Sie Ihren ganz persönlichen Werten meist auf die Spur.

Wert	sehr wichtig	wichtig	unwichtig	**Wert**	sehr wichtig	wichtig	unwichtig
Abenteuer				Aktivität			
Anerkennung				Bildung			
Ehrlichkeit				Einzigartigkeit			
Entwicklung				Erfolg			
Beziehung				Freiheit			
Verlässlichkeit				Frieden			
Gehorsam				Geld			
Genauigkeit				Genuss			
Gerechtigkeit				Gesundheit			
Glück				Harmonie			
Herausforderung				Hilfsbereitschaft			
Humor				Altruismus			
Innovation				Klarheit			
Kongruenz				Kreativität			
Leistung				Liebe			
Loyalität				Macht			
Mut				Wohltätigkeit			
Ordnung				Originalität			

Perfektion				Pflichtbewusstsein			
Wettbewerb				Ruhe			
Schnelligkeit				Selbständigkeit			
Sicherheit				Spaß			
Spiritualität				Status			
Toleranz				Unabhängigkeit			
Veränderung				Verantwortung			
Wahrheit				Wissen			
Zugehörigkeit				Integrität			

1.1.5 Freizeit, Kreativität, Spiritualität

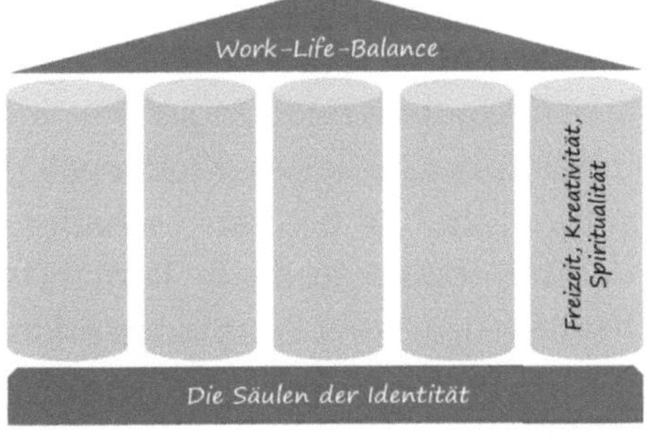

Die Begriffe der letzten Säule wirken auf den ersten Blick eher uneinheitlich. Und doch gibt es eine Gemeinsamkeit. Es geht darum, im Fluss zu sein, bei sich zu sein, und um das Erleben von Sinn und Sein.

Freizeit ist nicht nur Abwesenheit von Pflicht, sondern sie ermöglicht uns, uns mit dem zu beschäftigen, was uns gut tut, was uns entspricht und Freude macht, wo wir in einen „Flow" kommen. Ein **Flow-Erlebnis** ist laut dem Psychologen Csikszentmihalyi (2010) ein Gefühl, bei dem wir ganz vertieft in eine Tätigkeit sind, sozusagen darin aufgehen, häufig begleitet von einem Glücksgefühl. Das kann für jeden Menschen etwas anderes sein. Manche erleben Flow bei der Bewegung, andere beim Malen oder Werken. Flow ist für uns nicht nur eine Quelle der Freude, sondern auch der Energie – eine Tankstelle für die Seele. Etwas zu tun, was nicht auf der „Muss-Liste" steht, einfach aus Freude daran, ist besonders für durchgetaktete Menschen eine Wohltat. Der altmodische Begriff „Hobby" ist fast schon anrüchig geworden in einer Zeit, in der jede Minute nutzbringend verplant wird. Wenige leisten sich noch so etwas.

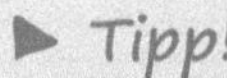

Wir empfehlen Ihnen, ein konkretes Hobby zu pflegen, was auch immer es sein mag, und dafür zu sorgen, dass Sie sich mindestens zwei Stunden in der Woche dafür „schenken".

Kreativität ist ein Begriff, der leicht missverstanden wird und oft mit künstlerischem Ergebnis oder Originalität verwechselt wird. Wir sehen ihn ganz schnörkellos unter dem Aspekt des „Kreierens", das heißt des **Schaffens**. Wir Menschen sind ursprünglich „homo faber" – schaffende Menschen oder Handwerker. Ein Begriff aus der Anthropologie, der im Kern trifft, was wir als Bedürfnis haben. Wir wollen etwas herstellen, was mit den Sinnen erfahrbar ist. Heute klappen wir unsere Laptops oder Bücher morgens auf, arbeiten oder lernen den ganzen Tag und klappen abends alles wieder zu und es ist meist kein sichtbares oder erfahrbares Produkt dabei herausgekommen. Umso mehr freuen wir uns, wenn wir etwas erschaffen haben, das „begreifbar" ist. Und das bedeutet „kreativ sein". Das kann ein Bild sein, das gemalt wurde. Das kann auch das Steinmännchen sein, das in den Bergen oder am Baggersee aufgetürmt wurde. Das kann ein Holzregal sein, das Sie selbst gebaut, oder ein

Essen mit drei Gängen, das Sie für Gäste gekocht haben, oder auch die Wand, die Sie selbst gestrichen haben. Vorher war es nicht da, jetzt ist es da und ist spürbar und sichtbar. Das macht stolz und dieses Ergebnis wird gern hergezeigt. So einfach ist Kreativität. Ein Hobby kann Kreativität beinhalten, muss es aber nicht.

> ▶ *Tipp!*
>
> Überlegen Sie sich doch einmal, wann Sie die Gelegenheit haben, etwas selbst zu machen und geben Sie sich ab und zu die Chance, etwas zu erschaffen. Es muss nicht perfekt sein.

Eine besondere Methode zur Steigerung der Kreativität und Produktivität hat Chade-Meng Tan als einer der ersten Google-Mitarbeiter für seine Kollegen entwickelt. Mit seinem „Search Inside Yourself"-Programm bietet er allen Interessierten über die Schulung der Aufmerksamkeit, Selbsterkenntnis und Selbstbeherrschung sowie der Etablierung nützlicher geistiger Gewohnheiten sich auf diesen Gebieten weiterzuentwickeln. Durch konsequentes Üben und Anwenden gedeiht zudem die emotionale Intelligenz. Dadurch verändert sich der Umgang mit sich selbst und anderen deutlich wahrnehmbar. Der Kontakt wird angenehm und freudvoll. Wenn Sie mehr zu Mengs Programm erfahren möchten, so legen wir Ihnen sein Buch sehr ans Herz (vgl. Chade-Meng Tan, 2015).

Spiritualität. Ein Begriff, der gerne gleichgesetzt wird mit Religion oder Esoterik und der nicht eindeutig definiert ist. „Spiro" bedeutet im Lateinischen „ich atme". Folgen wir Rudolf Sponsel (vgl. Sponsel R., 2006) ist Spiritualität eine mehr oder minder bewusste Beschäftigung mit **Sinn- und Wertefragen** des Daseins, der Welt und der Menschen und besonders der eigenen Existenz und der **Selbstver-**

wirklichung im Leben. Es geht also um den Sinn. Warum bin ich hier, was mache ich daraus? Das sind die Fragen, die dahinter stehen und natürlich gibt es keine allgemein gültigen Antworten oder den einen Weg dahin, für sich selbst diese Fragen zu beantworten. Das heißt aber nicht, dass sie nicht wichtig für uns sind. Ohne „Sinn" hat alles keinen Sinn. Es gibt ganze psychologische Richtungen, die darauf aufbauen (z. B. die Logotherapie Victor Frankls). Etwas zu tun, das Sinn hat und einen erfüllt, wirkt wie ein „inneres Antidepressivum".

Was heißt das für Sie? Wie können Sie sich diesem Thema ein Stück weit nähern? Zum Teil haben Sie es schon getan, wenn Sie sich mit Ihren Werten beschäftigt haben. Das ist ein guter Startpunkt. Wo wollen Sie hin? Dabei hilft Ihnen vielleicht Ihre Visionsentwicklung.

Kontakt zu sich selbst aufzunehmen ist dabei eine gute Idee. Versuchen Sie einmal, einfach nur mit sich zu sein, ohne Interaktion mit dem Außen. Manche nehmen sich Zeit fürs Meditieren, konzentrieren sich auf den Atem, machen Qigong oder bestimmte Yogaübungen. Der Körper ist dabei ein guter Helfer und wir empfehlen Ihnen, einmal eine dieser Techniken auszuprobieren – oder öfter, denn wie alles, will auch Meditation und Spüren erlernt sein. Wir müssen also quasi unseren „Meditationsmuskel" trainieren.

Doch nicht jeder muss in tiefer Ruhemeditation sitzen. Zu Beginn reicht es, wenn Sie einmal am Tag 10 Minuten nichts tun. Nichts tun kann bedeuten, sich in Ruhe hinzusetzen, auf das Sofa zu legen oder in dem Lotussitz zu verweilen.

Es gibt viele **Apps**, die in kurzen Einheiten helfen, den Kopf freizubekommen. Testen Sie doch einmal eine der folgenden, die alle für iOS und Android verfügbar sind:

- **7Mind**: Meditationen für fast jede Situation, Jetzt-Übungen, Imaginations- und Emotionsübungen. Gratisversion mit Grundlagenkursen verfügbar, danach Kosten für Abo-Erweiterungen.

- **Buddhify**: Meditationstimer, kurze Übungen von 6–10 Minuten für unterschiedliche Situationen. Kosten Android-Version 2,49 €, iOS 4,99 € (Stand: November 2016).
- **Headspace**: 10-Tage Einstiegsprogramm gratis, danach im Abo relativ hohe Kosten, dafür Auswahl aus mehreren hundert Meditationen zu unterschiedlichen Themen.

Weitere Alternativen:

- Calm
- Stop, Breathe & Think

Get Awareness!

Für uns unruhige Menschen der westlichen Welt ist es eine ungewohnte Erfahrung, einmal vermeintlich nichts zu tun. Den Begriff des „Zeittotschlagens" gibt es unseres Wissens nur im Deutschen. Gerhard Polt nennt es „Sinnlosen" (vgl. SZ-Magazin, 2011). Und es kann anfangs schwer auszuhalten sein. „Wozu soll das gut sein?" mögen Sie sich fragen. Genau – für nichts. Nur für Sie selbst und Ihre Ruhe und gegen das Gedankenkarussel.

▶ *Tipp!*

10 Minuten „Sinnlosen"

Setzen Sie sich einmal einfach auf eine Stelle, z. B. ein Sofa, bleiben sie ruhig und versuchen Sie, einfach nur zu SEIN. Sie können gerne herumschauen und sich leicht bewegen, aber halten Sie es aus, nichts zu tun. Beobachten Sie: Dinge im Außen oder Ihre Gedanken. Versuchen Sie, Ihre Gedanken nicht weiterrennen zu lassen. „Aha, da steht das Geschirr von gestern Abend" sehen Sie vielleicht und denken es. Aber bleiben Sie sitzen und stehen Sie nicht auf, um es wegzuräumen oder abzuwaschen. Seien Sie einfach neugierig. Es gibt nichts, was Sie erreichen müssen. Bewerten Sie nichts.

Es ist sinnvoller, sich einmal am Tag 10 Minuten Nichtstun zu gönnen, als einmal in der Woche eine Stunde zu meditieren.

Ergebnisse aus der Hirnforschung lassen darauf schließen, dass Meditieren hilft, aus der Bewertungsfalle auszusteigen und so gelassener mit den stressigen Alltagssituationen fertigwerden zu können. Wenn Sie sich schwer damit tun, das Anhalten zu lernen, können Sie z. B. auch an einem MBSR-Kurs (Mindfulness Based Stress Reduction) teilnehmen, bei dem Sie über 8 Wochen hinweg lernen, Achtsamkeit sich selbst gegenüber zu entwickeln. Es hilft unter anderem dabei, eigene Stresszeichen früher zu erkennen und gegenzusteuern. In → *Teil 3/2.3.2 „Entspannen Sie sich"* finden Sie auch hier im Buch die Anleitung für eine Achtsamkeitsübung.

Natürlich gibt es unzählige Möglichkeiten, sich selbst auf die Spur zu kommen. Sie können z. B. eine zehntägige Vipassana machen (buddhistische Achtsamkeitsmeditation), auf eine Visionssuche in die Natur gehen (Vision Quest) oder ein Persönlichkeitsentwicklungsprogramm machen. Seien Sie bitte kritisch bei der Auswahl, da hier ein unüberschaubarer Markt existiert, auf dem sich auch dubiose Angebote finden. Sich selbst kennenzulernen ist eine lebenslange Aufgabe, die sogar Spaß machen darf. Aber sie sollte nie zur Hauptaufgabe oder zum Selbstzweck werden, sonst bleibt Ihr Leben im Hier und Jetzt auf der Strecke.

▶ Tipp!

Zurück zu den Energiekreisen

Betrachten Sie nun noch einmal Ihren Kreis mit den Energiequellen (→ *Abb. 8*). Wie viele Quellen haben Sie? Wollen Sie anhand der zuvor genannten Anregungen versuchen, weitere Quellen für sich zu erschließen? Welche? Wie kann das konkret aussehen? Wenn Ihnen keine gute Idee kommt, tauschen Sie sich mit anderen aus und lassen Sie sich beraten, z. B. von Freunden, die Sie nicht täglich sehen.

An diesem Punkt haben Sie bereits viele Anregungen erhalten, wie Sie dafür sorgen können, dass Sie bewusst und stabil im Leben stehen können. So können Sie selbst viel dafür tun, dass Sie nicht in den „hellgrauen Bereich" geraten.

2 Stadium B: Aktive Selbsthilfe

Sehen Sie die aktive Selbsthilfe wie Ihr Vorgehen bei einer Reifenpanne. Erst bemerken Sie das Schlingern des Wagens und dass Sie die Spur nicht mehr halten können. Bevor Sie genau wissen, was die Ursache dafür ist, fahren Sie rechts an den Fahrbahnrand und schalten die Warnblinkanlage ein. Dann ziehen Sie Ihre gelbe Schutzweste an und steigen aus, um eine Bestandsaufnahme zu machen. Außerdem holen Sie das Warndreieck und den Ersatzreifen aus dem Kofferraum und werden aktiv. Sie stellen das Dreieck auf und beginnen, den defekten Reifen zu wechseln. Genauso sollten Sie sich verhalten, wenn Sie bei dem Test in → *Teil 2* als Resultat den hellgrauen Bereich identifiziert haben.

2.1 Aufbau von Resilienz

Über das Thema Resilienz und seine theoretischen Grundlagen haben Sie im ersten Teil des Buches schon viel erfahren. Jetzt geht es darum, aktiv zu werden. Die folgenden Hilfen zielen darauf ab, Ihre allgemeine Resilienz zu erhöhen. Die konkreten Übungen unterstützen Sie dabei,

- die Fixierung auf die Belastung aufzulösen und die Dynamik eines Burnouts zu durchbrechen,
- die Wahrnehmung von stabilisierenden Ressourcen zu unterstützen,
- Ihnen konkrete „Werkzeuge“ zur Bewältigung von schwierigen und belastenden Situationen an die Hand zu geben.

▶ *Übung!*

1. Finden und stärken Sie den Optimisten in sich

Negativ-Positiv-Transfer

Ziehen Sie sich an einen ruhigen Ort zurück und nehmen Sie sich etwas zu schreiben mit. Beantworten Sie die folgenden Fragen für sich und notieren Sie die Ergebnisse:

- Worauf freuen Sie sich nachher?
- Welches selbst erreichte Ergebnis macht Sie stolz?
- Was macht Sie zufrieden?
- Wofür sind Sie dankbar?
- Wann waren Sie besonders mutig?

- Wo fühlen Sie sich besonders wohl?
- Wofür begeistern Sie sich?

Was bewirkt diese Übung: Ihr innerer Blickwinkel ändert sich. Sie lenkt die Sichtweise weg von der Fixierung auf ein negatives Ereignis hin auf positive Erfahrungen und Erlebnisse. Sie fördert Zuversicht, bringt Sie in eine positive Stimmung und reduziert die Gefühle von Ohnmacht.

▶ Übung!

2. Akzeptieren Sie, was ist!

Finden Sie das „Gute im Schlechten"

Nachdem Sie sich in → *Teil 3/Kapitel 1.1.2* mit Ihren Stärken beschäftigt haben, identifizieren und notieren Sie sich nun 5–7 Ihrer vermeintlichen Schwächen, wie z. B. Ungeduld oder Unentschlossenheit. Stellen Sie diesen Schwächen auf der anderen Seite die darin liegenden Vorteile gegenüber. Um bei dem Beispiel der Ungeduld zu bleiben, könnte dies z. B. Effizienz, Energie und Schnelligkeit sein oder bei der Unentschlossenheit das Abwägen sein.

Legen Sie sich eine kleine Liste an und halten Sie auf der linken Seite die vermeintlichen Schwächen und rechts die daraus resultierenden Stärken fest.

Was bewirkt diese Übung: Sie stärken sich selbst, indem Ihnen bewusst wird, welche gewinnbringenden Anteile in Ihnen liegen. Sie erkennen die positiven Absichten hinter dem vermeintlich „Schlechten" und stärken damit Ihr Selbstbewusstsein. Sie machen aus dem, was Ihnen eben noch Ärger bereitet hat, etwas Gutes. So bauen Sie sich mental auf.

▶ Übung!

3. Nehmen Sie Ihre Gefühle wahr und regulieren Sie diese durch „Emotionales Selbstmanagement"

Imaginärer Kinobesuch

Finden Sie eine Situation aus Ihrer Vergangenheit, in der Sie emotional stark reagiert haben, die Sie belastet oder geärgert hat und die Sie so nicht mehr erleben möchten. Nehmen Sie einige tiefe, bewusste Atemzüge und stellen Sie sich vor, Sie sind in einem Kino und Zuschauer in Ihrem eigenen Film. Sie sitzen im Kinosaal, betrachten auf der Leinwand diese unangenehme Situation aus der Vergangenheit mit etwas Abstand. Beantworten Sie sich folgende Fragen:

- Wie wünschen Sie sich, soll die Situation zukünftig ablaufen, damit es Ihnen besser geht?
- Was können Sie dafür tun?
- Was können Sie verändern?

Stellen Sie sich vor, wie Sie sich zukünftig verhalten. Was macht Sie zufrieden?

Was bewirkt diese Übung: Es gelingt Ihnen, einerseits in Ruhe und differenziert ein unangenehmes und belastendes Gefühl mit Abstand wahrzunehmen und zu erkennen, wo es in Ihnen entsteht. Andererseits haben Sie so die Möglichkeit „Ihren

Film" neu zu drehen. In Zukunft wird es Ihnen dadurch möglich, anders und angemessener zu reagieren, rechtzeitig zu merken, wenn dieses Gefühl entsteht, und entsprechend gegenzusteuern. Sie entlasten sich damit selbst und werden nicht mehr von diesem „unguten" Gefühl überschwemmt. Dies trägt zu Ihrer seelischen Entlastung bei.

▶ *Übung!*

4. Verlassen Sie die Opferrolle und werden Sie zum Gestalter in Ihrem Studium

Gedanken-Protokoll

In dieser Übung geht es darum, selbst auferlegte Grenzen im Denken zu entlarven. Finden Sie ein Erlebnis im Rahmen Ihres Studiums, in dem Sie sich als Opfer gesehen haben, z. B. eine ungerechtfertigte Note auf eine Hausarbeit oder ein Referat. Notieren Sie nun die automatischen Gedanken, die damit verbunden sind. Dies könnten folgende Gedanken sein: „Ich werde es nie schaffen, eine gute Note für eine Hausarbeit oder Referat zu erhalten" oder „Ich muss etwas falsch gemacht haben."

Entwickeln Sie nun eine rationale Erwiderung auf die automatischen Gedanken und schreiben Sie diese auf. Dies könnten Gedanken sein wie: „Ich habe schon viele gute Hausarbeiten und Referate erstellt" oder „Ich habe alles gemacht wie immer; warum sollte ich mir einen Kopf machen?"

Was bewirkt diese Übung: Indem Sie Ihre automatischen Gedanken identifizieren und diesen bereits erlebte gegenläufige Reaktionen gegenüberstellen, werden Sie feststellen, wie sich Ihre Stimmungslage ändert. Sie werden zum staunenden Zeugen des Beginns einer Periode persönlichen Wachstums und einer gesunden Veränderung Ihres Selbstbildes werden.

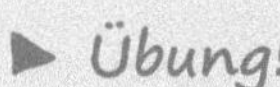

5. Pflegen Sie Ihr Netzwerk

Beziehungsgeflecht

In dieser Übung geht es darum, Ihre real existierenden Kontakte und Beziehungen zu Menschen genauer zu betrachten und so Ihr privates und studienbezogenes Beziehungsgeflecht zu analysieren. Nehmen Sie dazu zunächst ein Blatt Papier und notieren Sie alle Menschen oder Personengruppen, die in Ihrem Leben eine Bedeutung haben, im positiven wie im negativen Sinn, mit dem jeweiligen Anlass (z. B. 1. Semester Uni) und Inhalt (z. B. Arbeitskreis Event) des Kennenlernens. Schreiben Sie nun jeden Namen auf eine separate Metaplan-Karte oder ein kleineres Stück Papier, versehen den Namen mit einem Symbol, das bezeichnend für die Beziehung ist (z. B. 2 Hände für Freundschaft). Markieren Sie auf jeder Karte nun die Qualität der Beziehung. Vergeben Sie +++ für eine sehr positive, starke und stützende Verbindung bis hin zu – – – für eine negative, belastende Verbindung. Fertigen Sie nun auch noch eine Karte mit Ihrem eigenen Namen an.

Legen Sie nun alle Karten auf den Boden. Beginnen Sie mit Ihrer eigenen Karte und platzieren Sie alle anderen Personen entsprechend ihrer Nähe und

Ferne, die sich in der Beziehung ausdrückt, in dem für Sie passenden Abstand. Lassen Sie das Diagramm auf sich wirken. Halten Sie für sich fest, welche Beziehungen und Kontakte Sie stärken und erfreuen und auch, welche Sie eher belasten. Versuchen Sie, belastende Kontakte einzuschränken bzw. den dahinter liegenden Konflikt in einer passenden Situation mit der Person anzusprechen und zu klären. Intensivieren und pflegen Sie den persönlichen Kontakt zu den Menschen, die Ihnen gut tun, die Sie stärken und die Ihnen Kraft geben.

Was bewirkt diese Übung: Die Übung gibt Ihnen einen Überblick über die für Sie wirklich wichtigen Kontakte und Beziehungen, auf die Sie sich konzentrieren sollten. Sie zeigt Ihnen die Menschen auf, auf die Sie sich wirklich verlassen können, von denen Sie sich in belastenden Situationen Unterstützung erwarten und die jederzeit für Sie da sind. Pflegen Sie diese Kontakte durch Treffen, Telefonate und kleine Aufmerksamkeiten. Sie sind besonders wichtig für den Aufbau Ihrer psychischen Widerstandskraft und inneren Stabilität.

▶ Übung!

6. Entwickeln Sie neue Herangehensweisen für das Problem

Lösungsraum schaffen

Identifizieren Sie eine für Sie schwierige und belastende Situation, z. B. eine nicht bestandene Klausur oder mündliche Prüfung. Führen Sie nun mit sich ein Brainstorming nach alternativen Möglichkeiten der Vorbereitung hinsichtlich der Situation durch. Sammeln Sie neue Ideen. Halten Sie mindestens 3 Alternativen auf einer Metaplankarte oder DIN-A5-Karte fest. Nehmen

Sie nun jede einzelne Karte zur Hand und machen Sie sich mögliche negative Aspekte dazu bewusst. Halten Sie auch diese auf der Karte fest. Im 3. Schritt überlegen Sie, wie sich die jeweilige neue Herangehensweise der Situationsvorbereitung realisieren lässt. Wählen Sie nun die Lösungsalternative aus, mit der Sie sich in Zukunft auf die Herausforderung vorbereiten werden.

Sollten Ihnen alleine nicht ausreichend neue Ideen einfallen, ziehen Sie eine Person Ihres Vertrauens hinzu und entwickeln Sie gemeinsam Ideen. Wichtig ist dabei, dass die Überlegungen zu möglichen negativen Aspekten und die Form der Umsetzung von Ihnen kommen.

Was bewirkt diese Übung: Resiliente Menschen arbeiten kreativ mit dem, was ihnen zur Verfügung steht. Sie erkennen, was funktioniert bzw. was nicht funktioniert, und stoppen Vorgehensweisen, die nicht den gewünschten Erfolg bringen. Mit der Übung „Lösungsraum schaffen" gestehen Sie sich zum einen ein, dass Ihre bisherige Form der Situationsvorbereitung nicht effektiv war, und finden auf der anderen Seite eine neue für Sie machbare, alternative Herangehensweise.

▶ *Übung!*

7. Varianten auf dem Weg in die Zukunft

Visionsreise

Meistens wagen wir es nicht, die Dinge zu Ende zu denken, besonders die, die uns erschrecken. Doch der Gedanke, dass etwas auf keinen Fall passieren darf, stellt eine Blockade in der Entwicklung von Wahlmöglichkeiten dar.

Stattdessen verharren wir lieber im „vertrauten Elend“, das uns in den Burn-out führt, als etwas Neues zu wagen. Die Entwicklung einer Zukunftsplanung ist eine wichtige Gegenmaßnahme gegen derartige Blockaden.

Wählen Sie einen ruhigen Ort, an dem Sie nicht abgelenkt werden. Beantworten Sie zunächst folgende Fragen:

- Welche Werte, wie z. B. Kooperation, Innovation, Freiheit, Respekt etc., sind Ihnen wichtig?
  Hierzu können Sie auf die Werteliste von → *Teil 3/Kapitel 1.1.4* zurückgreifen.
- Welche Grundsätze haben Sie in Ihrem Leben (z. B. sich nicht zu überfordern)?
- Was ist Ihr Studienmotto?
- Was ist Ihr Ziel nach Ende des Studiums?

Entwickeln Sie nun zunächst eine positive Vorstellung von dem, was Sie nach Ihrem erfolgreich absolvierten Studium beruflich wie privat tun werden.

Entwickeln Sie zusätzlich noch einen Plan B, eine Vorstellung von dem, was Sie tun werden, falls Sie das Studium nicht bestehen sollten. Was sind mögliche berufliche Alternativen oder auf welchem anderen Weg können Sie Ihr berufliches Ziel trotzdem erreichen? Stellen Sie sich diese Option ebenso detailliert vor. Berücksichtigen Sie auch dabei Ihre Werte, Grundsätze, Lebensmotto und Lebensziel. Notieren Sie sich diese unterschiedlichen Szenarien.

Was bewirkt diese Übung: Mit dieser Übung führen Sie sich einerseits konkret vor Augen, was Sie idealerweise mit Ihrem Studium erreichen möchten. Andererseits blicken Sie dem „Säbelzahntiger“, der gerne eine genaue Betrachtung verhindert, in die Augen und schaffen eine Alternative unter Berücksichtigung dessen, was Ihnen wichtig ist, falls Sie Ihr Studium nicht abschließen können. Dadurch, dass Sie sich eine Handlungsoption schaffen, entlasten Sie sich selbst und wissen, welchen Weg Sie im Fall der Fälle einschlagen können.

Damit Sie Ihre innere Stabilität und Widerstandskraft trägt, sollten Sie idealerweise an allen Säulen der Resilienz arbeiten. In akut belastenden Situationen ist es hilfreich, mindestens eine dieser Säulen zu stärken. Zur Orientierung, welche Säule dies für Sie sein kann, soll Ihnen diese Übersicht dienen:

Das Zusammenspiel der 7 Säulen der Resilienz	
Situation	Resilienzfaktor
Verdrängung	Optimismus
Resignation, Passivität	Akzeptanz
Abschottung, Selbstbestrafung	Selbstregulierung
Verzicht auf eigene Bedürfnisse	Verantwortung
Überforderung, fehlendes Zutrauen	Netzwerkkompetenz
Blinder Aktionismus, Verbissenheit	Lösungsorientierung
Verunsicherung durch Veränderung, zu wenig Verantwortung für die Gegenwart	Zukunftsorientierung

Wenn alte Systeme ins Wanken geraten, wird klar, dass gefühlte Sicherheitspolster gar nicht sicher sind. Wer versteht, was Burnout ist, und bemerkt, dass er darauf zusteuert, der kann präventiv handeln und selbst Strategien entwickeln.

Wichtig ist es, auf die eigenen psychischen und körperlichen Grenzen zu achten. Erst wenn die Stimmung von Euphorie in Resignation umschlägt, nehmen Betroffene ihre große Erschöpfung wahr. Manche trifft es wie ein Schlag.

Wichtig ist dabei, hinreichende Unterstützung von außen zu suchen. Hilfreich bei Belastungen wirken sich positive Kontakte zu anderen Menschen aus. Soziale Unterstützung verringert Gefühle von Einsamkeit und Überforderung und erleichtert die Aussprache mit anderen. Eine wichtige Rolle spielt der Aufbau des sozialen Netzwerkes. Dabei sollte das soziale Netzwerk aber auch nicht zu groß sein, denn die Pflege eines solchen Netzwerks erfordert viel Energie und Aufwand.

Es hat sich als günstig erwiesen, ein soziales Netzwerk zu haben, das sich aus verschiedenen Beziehungen (z. B. Freunde, Verwandte, Arbeitskollegen usw.) zusammensetzt. Wird das Netzwerk zu einseitig und besteht z. B. ausschließlich aus Verwandten, die zueinander in sehr enger Beziehung stehen, so kann dies einerseits hilfreich sein (durch einen hohen Grad an Unterstützung), auf längere Sicht hin gesehen aber auch belasten (durch ein hohes Ausmaß an Kontrolle und wenig Kontakt zur Außenwelt).

Es kann sein, dass die Unterstützung als zu wenig (enttäuschte Unterstützungserwartungen) oder zu viel angesehen wird (Abhängigkeiten) oder dass die Unterstützung, die gegeben wird, gar nicht als hilfreich erlebt wird (z. B. Beschwichtigungsversuche). Viele Menschen leiden auch darunter, dass das Ausmaß zwischen Geben und Nehmen nicht ausgewogen ist.

2.2 Umgang mit der eigenen Zeit

Es gibt zahlreiche Bücher und Kurse zum Thema Zeitmanagement und Selbstmanagement. Diese Techniken und Hinweise sind hilfreich und sinnvoll, solange man Herr seiner Selbstregulation ist. Es lohnt sich, sich einen Überblick über die tatsächliche Menge der Arbeit zu verschaffen, Prioritäten zu setzen und aktiv Zeit für Erholung einzuplanen.

Schwierig wird es, wenn die eigene Wahrnehmung der Wichtig- bzw. Dringend-Priorisierung nicht mehr funktioniert und die Fähigkeit, eingeplante Erholungsphasen auch tatsächlich wahrzunehmen gestört ist. Viele Menschen im Burnout sind nicht mehr in der Lage, sich an ihre eigenen Pläne zu halten.

Hier kann es sinnvoll sein, ein Zeitgerüst aufzubauen und bei der Einhaltung die Unterstützung von Freunden und Familie in Anspruch zu nehmen. Ein Anruf oder eine Nachfrage von anderen genügt häufig, um aus dem Kreislauf der Missachtung der eigenen Zeitgrenzen auszusteigen. Dieses Gerüst sieht bei jedem Menschen anders aus.

Es gibt einige Anregungen, worauf Sie achten sollten, wenn Sie sich solch ein Gerüst aufbauen.

Wichtig ist eine **klare Tagesstruktur** für einen guten Umgang mit Ihrer Zeit:

- Am besten beginnen Sie mit einem **konstanten „Morgenritual“**, bei dem Sie mental und körperlich bewusst den Tag beginnen, z. B. die Tasse Kaffee oder Tee und das Lesen der News – auch auf dem Tablet-PC.
- Regelmäßige Momente des **Innehaltens** während des Tages. Das können z. B. „Minutenstopps“ sein. Konzentrieren Sie sich auf den momentanen Augenblick.
- Eine Mittagspause, die z. B. **ein Essen mit Kommilitonen und eine Sportsequenz oder eine kleine Runde um den Blockt** beinhaltet.
- Eine klare Entscheidung, abends das **Notebook** und das **Smartphone auszuschalten**.

- Ein **klarer zeitlicher Übergang von Lernzeit und Privatzeit**, z. B. mit einem Ritual, wie z. B. Kleiderwechsel oder Duschen.
- **Klare Verabredungen mit Freunden**, die eine spontane Absage nicht akzeptieren.
- Sowie ein **abendliches Tagesabschlussritual**, das hilft, auf die positiven Aspekte des Tages zurückzublicken und zur Ruhe zu kommen. Dies kann ein Spaziergang sein, eine „stille Stunde" bei einer Tasse Tee, das Schreiben in ein Tagebuch o. Ä.

Wie Sie die einzelnen Elemente gestalten, hängt von Ihren eigenen Neigungen ab.

Sollten Sie sich aber entschieden haben, „always on" zu sein, so gibt es auch hier inzwischen einige Tools, die helfen sich besser zu konzentrieren und sinnloses Surfen sowie übermäßigem Multitasking vorzubeugen. An dieser Stelle seien exemplarisch einige genannt: Bei **Freedom** handelt es sich um eine App für Mac, Windows, iPhone und iPad, mit der Sie einzelne Webseiten und Anwendungen für eine bestimmte Zeit blockieren können. Die Sperre lässt sich dann vor Ablauf der festgelegten Zeit erst durch einen Neustart des Geräts aufheben. **It's Focus Time** ist ein Konzentrations-Timer. Das Tool ist zwar auch als App verfügbar, aber die Browser-Version ist ausreichend. Die Arbeits- und Pausen-Intervalle lassen sich selbst festlegen und das Tool erinnert Sie dann daran. **Time Out** ist eine App, die für mehr Produktivität durch Pausen sorgt. Sie erinnert nicht nur daran, eine Pause einzulegen, sondern verschleiert während der vorher ausgewählten Intervalle einfach den Bildschirm. Time Out ist kostenlos für OS X erhältlich. Manche Menschen benötigen Ruhe, um konzentriert arbeiten zu können – anderen hilft die richtige Art Musik bei diesem Vorhaben. **Focus@Will** hat sich auf die zweite

Gruppe von Nutzern konzentriert und ist eine Streaming-App, die mit der richtigen musikalischen Untermalung für Produktivität sorgen will. Das Neuro-Music-System lässt sich kostenlos testen. Bei **Productivity Owl** handelt es sich um eine Chrome-Erweiterung, die Sie dabei unterstützt, gesuchte Informationen schnell zu finden und sich nicht ablenken zu lassen. Wenn Sie zu viel Zeit auf einer Webseite verbringen, flattert die Eule über den Bildschirm und schließt einfach den entsprechenden Tab. Weitere nützliche Apps und Infos dazu finden sich in der Online-Ausgabe der t3n Nr. 43.

Zusätzlich möchten wir Ihnen noch folgende Tipps zur Arbeitsorganisation geben:

▶ *Tipp!*

Selbstorganisation

- Arbeiten Sie klug statt lang: Setzen Sie Prioritäten und stellen Sie weniger wichtige Aktivitäten zurück.
- Setzen Sie sich für den Tag und das Semester realistische Ziele: Fragen Sie sich, ob die für den Tag gesetzten Ziele für Sie realistisch und erreichbar sind. Überprüfen Sie das regelmäßig und nehmen Sie eventuelle Anpassungen vor.
- Machen Sie „richtige" Pausen statt nur kurzer Unterbrechungen, um Hunger und Durst zu stillen. Wenn Sie eine Aufgabe oder einen Lernabschnitt beendet haben, machen Sie mindestens eine zehnminütige Pause oder gehen Sie eine Runde an die frische Luft.
- Berücksichtigen Sie beim Aufbau Ihrer persönlichen Tagesstruktur, dass die biologische Leistungsfähigkeit im Laufe des Tages schwankt. Die

meisten Menschen haben am Vormittag ihr Leistungshoch. Wichtige Aufgaben sollten zu dieser Zeit bearbeitet werden.

- Hören Sie auf Ihre innere Uhr. Passen Sie Ihre Lernzeiten Ihrem Biorhythmus an und planen Sie Ihren Tag dementsprechend. Falls Sie ein Morgenmuffel sind, akzeptieren Sie, dass es für Sie sinnvoller und effektiver ist, statt morgens um 8 Uhr besser erst um 10 Uhr mit dem Lernen zu starten.
- Nehmen Sie sich jeden Tag etwas Schönes vor, das Ihnen Freude bereitet und Ihnen Energie gibt. Überlegen Sie sich am Morgen, worauf Sie sich heute freuen. Das können durchaus Kleinigkeiten, wie das Treffen mit einem guten Freund, eine Tafel Schokolade oder das Hören Ihres Lieblingsliedes sein. Wichtig ist dabei, dass Sie den Moment bewusst erleben und genießen.

2.3 Methoden der Entspannung – Körper und Seele im Einklang

Im inneren Gleichgewicht zu sein, sich in einem ausbalancierten, spannungsfreien Zustand zu befinden, ist der Schlüssel und stellt die Grundlage für ein stress- und burnoutfreies Studium dar. Dafür ist es wichtig, sowohl die Ressourcen unseres physischen Körpers als auch unseren Wesenskern, unsere Seele, zu pflegen. Wenn diese stark sind, besitzen Sie ein hervorragendes „Immunsystem" gegen einen Burnout. Um schwierige Situationen zu bewältigen, ist es erforderlich, dass Sie sich mit sich selbst auseinandersetzen und Ihre Belastungsgrenzen erkennen, um so in unterschiedlichen Bereichen Veränderungen vornehmen zu können. Dafür ist es hilfreich, eine gute Eigenwahrnehmung zu besitzen, denn ohne diese bemerken Sie nicht, wenn sich die Burnout-Spirale weiterdreht. Damit

Sie Körper und Seele in Einklang bringen können, ist es wichtig, dass Sie sich gezielte Kompetenzen schaffen, um die Balance zwischen „Gaspedal" und „Bremse" finden und halten zu können. Denn der Wechsel zwischen Spannung und Entspannung ist lebensbedingend. Dazu gibt es verschiedene Hebel:

2.3.1 Bleiben Sie in Bewegung

Körperliche Aktivität ist ein hervorragendes Mittel zur Verbesserung der physischen und psychischen Gesundheit. Viele von Ihnen treiben regelmäßig, meistens mehrmals in der Woche, Sport. Doch bei sportlichen Aktivitäten in Verbindung mit einem Burnout geht es nicht darum, Ihrem bereits belasteten Körper noch mehr Leistung abzuringen. Sie schwächen Ihren Körper weiter, wenn Sie zusätzlich zu Ihren studienbedingten Belastungen noch Marathon laufen oder innerhalb weniger Stunden 1.000 und mehr Höhenmeter mit dem Mountainbike überwinden. Hier können Sie keine Ressourcen aufbauen, sondern fordern Ihrem ohnehin schon belasteten Körper nur noch weitere Reserven ab.

Förderlich ist es hingegen, wenn Sie sich an mindestens 3 Tagen in der Woche körperlich bewegen. Bereits 30 Min. aktives und konzentriertes sportliches Tun sind ausreichend, um auf dieser Ebene eine Stärkung zu erfahren. Sport unterstützt Sie auch dabei, negative Stimmungen und Stimmungsschwankungen abzubauen und die stressbedingte hormonelle Überflutung durch **Cortisol** zu reduzieren. Außerdem verbessern Sie dadurch Ihre Konzentrations- und Aufnahmefähigkeit.

Grit Moschke, Dipl.-Sportwissenschaftlerin, Dipl.-Psychologin und Sportpsychologin aus Köln, hat sich sehr intensiv mit diesem Thema beschäftigt. Ihre jahrzehntelangen Erfahrungen im Bereich Stressreduktion und Personal Training sollen Sie dabei unterstützen, das Thema der Bewegung sowie Bewegungsmotivation besser zu verstehen und umzusetzen. Sie ist Autorin der Bücher „Fitness für die Seele" (GU Verlag, 2007) und „Powernapping" (Freya Verlag, 2013).

Beginnen wir zunächst mit der Frage, warum Sie sich bewegen sollten. Welchen Nutzen hat Bewegung und wie steigern Sie Ihre Kräfte und Energien?

Jede Bewegung hat physische und psychische Effekte. Hier gilt das richtige Maß. Die Effekte eines regelmäßigen Ausdauertrainings sind z. B.: besseres allgemeines Wohlbefinden, verstärkte Durchblutung in allen Körperteilen und Organen, Ausschüttung von ‚Gute-Laune-Hormonen', verbesserte Konzentration, Gewichtsreduktion, die Verstärkung des Selbstvertrauens und Steigerung des Vertrauens in die eigenen Kapazitäten. Falls Sie sich in einem Stimmungstief befinden, können Sie es über leichte Bewegung gut auflösen.

Teilweise können Alltagsängste oder zum Teil auch Prüfungsängste reduziert werden, da die Durchführung Ihres Trainings den nötigen Abstand und die Ablenkung von Studiensituationen schafft. Ihr Sporttreiben befähigt Sie, Ihre Situation aktiv zu bewältigen. Sie sammeln kleine Erfolge, die sich positiv auf Ihre Kräfte auswirken.

Nutzen Sie folgende Schritte, um sich zum Sporttreiben zu motivieren.

Schritt 1: Positive Konsequenzen vor Augen halten

Halten Sie sich folgende Affirmationen vor Augen und arbeiten Sie innerlich mit diesen positiven Konsequenzen.

- „Mit Hilfe meines Trainings bleibe ich gesund und vital."
- „Meine geistige Kraft kann ich positiv steigern."
- „Mein Körper bekommt trainierte Muskeln."

- „Ich sehe attraktiver aus."
- „Ich kann es schaffen."
- „Ich gehe locker und entspannt in kleinen Schritten an mein Training/Bewegungseinheit heran."
- „Meine Motivation darf schwanken."
- „Ich gebe mein Bestes."
- „Ich bleibe locker und schaffe mein Training und Studium mit Leichtigkeit."
- „Ich darf mein Trainingsprogramm nach Tagesbedarf verkürzen oder verlängern."
- „Nach meinem Trainingsprogramm darf ich mich belohnen."

Wählen Sie die für Sie stimmigsten Affirmationen aus.

Schritt 2: Versuchen Sie es mit Ihrer Lieblingssportart oder einer neuen Bewegungsform. Probieren Sie munter aus, was zu Ihnen passt.

Einen Plan zum Sporttreiben haben Sie vielleicht schon ab und zu aufgestellt. Sie wollten sich motivieren, konnten aber keine Umsetzung erreichen. Doch wie kommen Sie von Ihrer Vorstellung zum eigentlichen sportlichen Handeln?

Ein weiterer wichtiger Motivationsfaktor ist die Wahl der Bewegungsform bzw. der Sportart, z. B. Hiken, Bouldern, Joggen, Slacklinen, Mountainbiken, Schwimmen oder auch eine Ballsportart, z. B. Beachvolleyball.

Wenn Sie in der Schule früher erfolgreich beim Handball waren, dann melden Sie sich in einem Verein an, der 2–3-mal pro Woche trainiert. Sie treiben mit Gleichgesinnten Sport und sind in netter Gesellschaft.

Doch was passiert mit denen, die relativ schlechte Erfahrungen im Sportunterricht gesammelt haben und sich nur mit düsteren Gedanken an die Sportstunden bzw.

an den Sportlehrer erinnern? Wie kann dieses Gedankenmuster durch ein positives Bewegungserlebnis abgelöst werden? Im nächsten Schritt erfahren Sie mehr darüber.

Schritt 3: Bleiben Sie beim Sporttreiben in Ihrem Energiepegel. Lockerheit ist besser als Leistungsdenken! Es reicht, wenn Sie gute Leistungen im Studium erbringen.

Zunächst machen Sie sich den Unterschied klar zwischen einer Bewegung ohne Leistungsgedanken und einem festen Ergebnisziel. Wie lange möchte ich heute joggen? Will ich besser walken oder auch beim Sporttreiben die Natur genießen? Unterscheiden Sie verschiedene Situationen und Motivationspegel. Das folgende Beispiel veranschaulicht diesen letzten Gedanken.

▶ *Beispiel!*

Zwei unterschiedlich motivierte Jogger

Ein leistungsorientierter Läufer möchte seine übliche Runde in 60 Minuten unbedingt zurückgelegt haben. Wenn er es an einem Tag nicht schafft, ärgert er sich und ist vielleicht noch gestresster als vor dem Lauf. Er beschäftigt sich danach noch mit Gefühlen des Misserfolges, mit Leistungsunzufriedenheit oder negativen Gedanken, die ihn nicht zur Ruhe kommen lassen und innerlich „runterziehen".

Ein anderer Jogger, der kein Leistungsmotiv hat, geht locker und entspannt in die Runde. Er läuft in seinem Tempo, wie er sich gut fühlt, hört auf seinen Atem und genießt nebenbei noch das Zwitschern der Vögel oder das Rauschen des Waldes.

Wenn es ihm doch zu anstrengend wird, macht er eine Gehpause. Nach dem Lauf ist er zufrieden, dass er etwas für sich getan hat, belohnt sich mit einem erfrischenden Getränk und stärkt sich mit seinen positiven Gedanken.

Schritt 4: Bewegung als Genuss oder Belohnung

Bewegung oder Sport kann in Phasen von hohem Stressaufkommen als Genussmoment positiv eingesetzt werden. Wer das Laufen durch Wald und Wiesen nicht attraktiv findet, geht besser auf die Suche nach einer anderen Bewegungsform.

In diesem Zusammenhang kann es hilfreich sein, die eigenen Sinneskanäle zu schärfen. Bin ich eher ein auditiver Typ und reagiere gut auf Musik, ist vielleicht ein Tanzkurs in Salsa oder Tango sinnvoll. Bin ich eher ein taktil ausgerichteter Mensch, versuche ich es mit Aikido, Judo oder Taekwondo.

> Wichtig ist, dass Sie sich über verschiedene Sportangebote an Ihrer Universität oder Hochschule informieren und diese ausprobieren. Das Fitnessstudio um die Ecke ist ebenfalls eine Idee. Bleiben Sie am Ball. Bald finden Sie etwas, was zu Ihnen passt.

Sie dürfen auch die unterschiedlichen Sportarten mixen oder leichte Fahrradtouren bzw. Spaziergänge unternehmen. Das kann ein guter Sportersatz sein.

Schritt 5: Motivation durch Freunde

Wem es nach diesen Motivationsschritten weiterhin schwer fällt, die entsprechende Sportart regelmäßig in den Studienalltag zu integrieren, der nutzt die Verbindlichkeit mit Kommilitonen oder Freunden. Vereinbaren Sie feste Termine und gehen Sie gemeinsam zum Sport. Wenn Ihnen die Anforderungen zu hoch werden, weil die anderen schneller laufen oder mehr Gewicht stemmen, bleiben Sie locker!

Hören Sie auf Ihren Bedarf und Körper. Wenn Sie an einem Tag keine Lust haben, besuchen Sie zur Erholung nur die Sauna. Es steht Ihnen zu. Wichtig ist, dass Sie mit Ihrem Tun regelmäßig positive Emotionen aufbauen. Verankern Sie in Ihrem Körper schöne Bewegungserlebnisse und belohnen Sie sich! Das Leben soll leicht sein.

Schritt 6: Mein persönliches Bewegungstagebuch

Solange Sie noch am Anfang Ihrer kontinuierlichen sportlichen Aktivitäten stehen, ist es hilfreich, wenn Sie sich ein „Bewegungstagebuch" in Ihrem Kalender zulegen. Planen Sie, wie Sie in der jeweiligen Woche Stress ausgleichen wollen und überprüfen Sie, was Sie am Ende der Woche erreicht haben.

Das Bewegungstagebuch sollten Sie so lange führen, bis Ihre sportlichen Aktivitäten zum täglichen Selbstverständnis geworden sind. Sie können in Ihr Tagebuch notieren, dass Sie z. B. im Wald 30 Minuten Spazieren waren. Notieren Sie z. B. eine bestimmte Zeit oder auch nur den Grad des Wohlbefindens. Auf einer Skala von 1–10 können Sie Punktwerte vergeben. Die „1" steht für Unwohlsein und die „10" für bestes Wohlbefinden nach dem Sport.

Wohlbefinden für den Körper ist auch ein Ergebnis!

Umgekehrt können Sie vor dem Sporttreiben Ihren Grad an Wohlbefinden festlegen und dann die mögliche Intensität der sportlichen Aktivität festlegen. So bleiben Sie achtsam bei Ihren Energieressourcen und verschwenden sie nicht. Falls Ihnen die genannten Sportarten zunächst zu fremd und anstrengend erscheinen, beginnen Sie an einem Wochenende ganz moderat mit einer leichten Wanderung. „Wandern ist nicht nur gut für den Körper, es befreit auch den Geist und verbindet damit auf einmalige Weise Bewegung mit Entspannung. Dafür braucht es keine klettertechnischen Höchstleistungen, denn Wandern kann jeder. Wandern verbindet Sie mit anderen Gleichgesinnten durch das gemeinsame Planen und Abstimmen einer selbstständigen Tour oder durch die Teilnahmen an geführten Touren. Sie erleben gemeinsam die Landschaft, die Tier- und Pflanzenwelt und zurück zu Hause verschönern die gewonnenen Impressionen bis zum nächsten Mal den Alltag! Belohnt werden Sie als Wanderer nicht nur mit einem Plus an Fitness, sondern auch mit dem unmittelbaren Naturerlebnis unterwegs." (Deutscher Alpenverein, 2013)

Schon ein kurzer Aufenthalt in der Natur senkt Stress, hebt das Selbstbewusstsein und stärkt sogar messbar das Immunsystem. Der Kontakt mit der Natur macht ruhiger und ausgeglichener. Insbesondere dem Wald fühlen wir uns besonders verbunden. So hat Peter Wohlleben dem geheimen Leben der Bäume ein ganzes Buch gewidmet. So genügen bereits fünf Minuten in der Natur, bis die Stimmung deutlich besser und das Selbstwertgefühl erhöht wird. Einfach mal bewusst ausprobieren.

2.3.2 Entspannen Sie sich

Das Studium, Sie selbst und Ihre Familie stellen hohe Anforderungen an Sie. Sie stehen häufig „unter Strom", weil das Studium Ihnen viel abverlangt. Doch zu hohe Anforderungen und zusätzliche Belastungen haben Sie in den Stress geführt. Vermutlich fehlt es Ihnen auf den ersten Blick an Zeit, Ruhe und Rückzugsmöglichkeiten. Doch eine weitere wichtige Maßnahme, damit Sie wieder in einen ressourcenreichen und ausbalancierten Zustand gelangen ist Entspannung. Jeder Mensch benötigt Zeit für sich selbst; Zeit zum Abschalten und um zur Ruhe zu gelangen. Wenn Sie sich die Zeit dafür nehmen, werden Sie mit neuer Energie belohnt und können die anstehenden Aufgaben gelassener und effektiver erledigen. Geben Sie sich die Legitimation dafür!

Im Kapitel Prävention haben wir Ihnen schon den Vorschlag gemacht, einmal am Tag 10 Minuten „Nichtstun" einzubauen. Verschiedene Entspannungstechniken wie Progressive Muskelentspannung, Autogenes Training, Qigong, Tai-Chi, Yoga, Meditation oder Achtsamkeitstraining können Sie zusätzlich dabei unterstützen, zur Ruhe zu kommen, Gereiztheit zu verhindern, Schmerzen zu mildern und Klarheit im Geist zu erlangen. Ziele der Meditation sind die Stärkung der Konzentration und des Gegenwartsbezuges („Hier und Jetzt"), die Schaffung von Distanz zu unangenehmen Gedanken und Gefühlen, das Auflösen von „Grübelspiralen" sowie eine Verbesserung der Entspannungsfähigkeit und des Schlafes. Methoden, die dafür angewendet werden, sind die Sitzmeditation, bei der z. B. das Atmen beobachtet wird, oder auch die Gehmeditation.

Inzwischen bieten viele Universitäten und Hochschulen zu sehr günstigen Konditionen solche Kurse an. Viele Übungen können Sie, wenn Sie einmal einen Kurs besucht haben, anhand vieler Beispiele, die Sie auf YouTube finden, selbst zu Hause durchführen. Exemplarisch und stellvertretend für das Thema Entspannungstechniken möchten wir hier das **Achtsamkeitstraining** vorstellen. Achtsamkeit unterstützt Sie dabei, Körper und Geist in Einklang zu bringen.

Achtsamkeit kann uns helfen, unsere eigenen Katastrophengedanken, unsere „Filme" als Filme zu erkennen, aus ihnen auszusteigen und wieder „bei Sinnen" zu sein. Das macht frei und eröffnet neue Handlungsoptionen. Achtsamkeit ist dabei weder Entspannung noch angestrengte Konzentration. Sie vereint intensives Erleben und waches Beobachten.

Achtsamkeit ermöglicht Ihnen, sich selbst und Ihre Belastungsgrenzen besser wahrnehmen zu können. Durch Achtsamkeit sich selbst und auch anderen Menschen gegenüber wird Stress reduziert, Selbstbewusstsein, Konzentrationsfähigkeit und Lebensfreude gestärkt. Sie baut auf den 4 Bestandteilen des reinen Beschreibens einer Wahrnehmung, des Nichtbewertens, des Nichtreagierens und des bewussten Agierens auf und bezieht sich auf Gefühle, Gedanken und äußere Objekte (vgl. Eßwein, 2015).

Inzwischen gibt es erste wissenschaftliche Studien dazu, die die Wirkung auf somatischer, emotionaler, kognitiver und Verhaltensebene belegen. So konnte nachgewiesen werden, dass Menschen, die regelmäßig Achtsamkeit praktizieren, gelassener und zufriedener sind sowie besser mit Stress umgehen können. Durch das Praktizieren von Achtsamkeit und eine achtsame Haltung können Sie nicht nur besser entspannen und zur Ruhe kommen, sondern lernen auch, bewusster mit sich, Ihren Bedürfnissen und anderen umzugehen. Je länger Sie dies praktizieren, desto mehr wird es Ihnen gelingen, gegenwärtig (statt in der Vergangenheit oder Zukunft), gesammelt (statt zerstreut bzw. dissoziiert) und gleichmütig (statt emotional bewertend) zu sein.

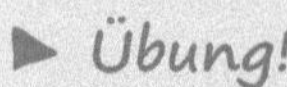

Achtsamkeit – entspannt und wach im Hier und Jetzt

Annehmen, was da ist

Machen Sie sich im Laufe eines Tages immer wieder für kleine Momente bewusst, was gerade um Sie herum geschieht. Erkennen Sie, wenn Sie sich über etwas ärgern. Erst wenn Sie ein unangenehmes Gefühl oder eine schwierige Gegebenheit erkennen und annehmen, kann Veränderung stattfinden und sich darauf aufbauend eine Lösung entwickeln.

Offen sein

Machen Sie sich frei von Erwartungen oder Vorstellungen, wie sich eine andere Person verhalten sollte. Denn sonst sind Sie nicht offen für das, was der

Moment, die Begegnung tatsächlich bringt und der Ärger ist vorprogrammiert.

Urteilsfrei sein

Wenn Sie sich bisher gerne mit anderen verglichen haben, hören Sie auf damit. Schnell fördern Sie sonst so Ihre Unzufriedenheit sich selbst gegenüber. Ein auf diese Weise getroffenes Urteil wird leicht zur Realität, obwohl es eine subjektive Bewertung ist. Deshalb: Sobald Sie sich einer Bewertung bewusst werden, lassen Sie diese mit einem Lächeln los.

Vertrauen aufbauen

Vertrauen Sie auf die Wirkung der Praxis von regelmäßiger und bewusster Achtsamkeit sich gegenüber und im Umgang mit anderen. Dafür ist es notwendig, sich auf das Üben und regelmäßige Praktizieren einzulassen.

Geduldig sein

Veränderungen benötigen Zeit. Seien Sie geduldig mit sich. Jeder Moment, den Sie in das Üben achtsamer Wahrnehmung investieren, ist wichtig, wertvoll und wirksam.

Loslassen

Lassen Sie erlittene Kränkungen, verpasste Chancen, vergangene Freundschaften oder Beziehungen hinter sich. Denn sonst bleibt kein Raum für die Erfahrung des aktuellen Moments, da Ihre Gedanken immer noch in der Vergangenheit „hängen" und Sie nicht offen sind für die Gegenwart.

Wer einen einfachen und leichten Einstieg dazu bekommen und üben möchte, kann zunächst damit beginnen, die Achtsamkeit auf den eigenen Körper zu richten, z. B. auf den ein- und ausströmenden Atem. Einfach gemütlich hinsetzen, die Augen schließen und bewusst tief ein- und ausatmen.

Oder Sie probieren einmal einen **Body-Scan**. Auf YouTube gibt es dazu Beiträge. Hier zwei Links:

- Männerstimme (ca. 16 Minuten): 🖰 https://www.youtube.com/watch?v=b5pDyulZxxU
- Frauenstimme (ca. 20 Minuten, ein Stück weit meditativer mit mehr Pausen): 🖰 https://www.youtube.com/watch?v=CdcxM5iyFs8

Weitere Hilfestellungen zum Praktizieren von Achtsamkeit im Alltag, z. B. auch in der Kommunikation, und einen gezielten Übungsplan finden Sie im Buch „Achtsamkeitstraining“ von Thorsten Eßwein.

Wer hingegen lieber mit einem konkreten Fahrplan für einen entspannteren und bewussten Alltag startet, dem sei das **Sieben-Tage-Programm** von Günter Hamisch empfohlen, mit dem Sie schrittweise innerlich „ausmisten“.

1. Tag: Tag der Natur: Verzichten Sie auf Gewohnheiten, die Sie vom Kontakt mit der Natur fernhalten wie z.B. Autofahren, Medien oder Stubenhocken.

2. Tag: Tag des Wassers: Lassen Sie alles weg, was „trocken“ ist; heute keine Routinesachen, kein Sortieren von Unterlagen etc.

3. Tag: Tag des Feuers: Lassen Sie schlechte Gewohnheiten weg, die Ihr „inneres Feuer“ bremsen. Verzichten Sie auf schädliche Bequemlichkeiten. Bleiben Sie nicht zu lange bei belanglosen Unterhaltungen.

4. Tag: Tag der Luft und des Windes: Verzichten Sie auf alles Schwere, nicht nur bei der Nahrung. Machen Sie sich frei von niederdrückenden Gedanken und Gefühlen. Locken Sie die leichte, unbekümmerte Seite in Ihnen.

5. Tag: Tag der Kraft: Hängen Sie schlechte Gewohnheiten im psychischen Bereich an den Nagel. Reichen Sie Ärger oder Unmut, den Sie heute erleben, nicht an andere Menschen in ihrem Umfeld weiter.

6. Tag: Tag der Kreativität: Befreien Sie sich von Altem und Überlebtem. Räumen Sie Ihren Schreibtisch auf oder misten Sie Ihren Kleiderschrank aus. Frei von Ballast kann sich Kreativität besser entfalten.

7. Tag: Tag des Ziels: Stellen Sie sich dabei drei ehrliche Fragen:

- Was hindert mich am meisten daran mein Ziel zu verwirklichen?
- Welche Gewohnheit hält mich am stärksten fest?
- Was muss passieren, damit ich mir erlaube, diese Gewohnheit heute für einen Tag auf Urlaub zu schicken?

2.4 Erkennen und schaffen Sie sich Ressourcen

Nur wer in seinen persönlichen Kräftehaushalt immer wieder etwas hineingibt, kann auch etwas herausbekommen. Erst wenn es Ihnen gelingt, dauerhaft Ihre Ressourcen aufzufüllen, sich selbst so bewusst immer wieder zu stärken, können Sie auch regelmäßig Leistung abrufen und anders mit Stress umgehen. Ihrem Energiesystem können Sie nur so viel entnehmen, wie Sie zuvor aufgefüllt haben. Falls Ihre Ressourcen schon relativ knapp bemessen sind, sollten Sie diese konsequent wieder auf- und ausbauen. Dafür möchten wir Ihnen eine kleine, aber nicht weniger wirkungsvolle Übung an die Hand geben, die Sie in abgewandelter Form aus dem Kapitel Prävention kennen.

▶ *Übung!*

Energieniveau und Ressourcenbaum

[1] Zeichnen Sie sich einen Energiespender in Form eines Containers oder Fasses.

[2] Markieren Sie, zu wie viel Prozent Ihr Container bei Ihnen gefüllt ist (z. B. 20, 30 oder 40 Prozent). Schreiben Sie die Zahl auf entsprechender Höhe daneben.

[3] Nehmen Sie sich nun 3 Blätter Papier. Jeweils eines für den körperlichen, geistig-emotionalen und seelischen Kraftspender.

[4] Finden Sie nun Aktivitäten auf der körperlichen Ebene (Bewegung und Sport), auf der geistig-emotionalen Ebene (z. B. gutes Essen, schöne Düfte, ein gutes Gespräch oder schöner Film) und auf der seelischen Ebene (z. B. Musik, ein Museums- oder Ausstellungsbesuch, Natur), von denen Sie entweder aus Erfahrung wissen, dass sie Ihnen gut tun oder das Gefühl haben, dass sie Ihnen gut tun würden. Halten Sie die jeweiligen Aktivitäten entsprechend auf jedem Blatt fest.

[5] Zeichnen Sie nun einen Baum oder laden sich ein für Sie passendes Bild von einem Baum aus dem Internet herunter. Idealerweise hat Ihr Baum 3 starke Äste mit vielen Zweigen.

[6] Beschriften Sie nun die Äste und Zweige entsprechend mit den Maßnahmen, die Sie unterstützen und stärken. Drucken Sie sich den Baum aus oder speichern Sie ihn ab, sodass Sie ihn immer in Reichweite haben.

[7] Wählen Sie sich zu Beginn jeder Woche 2–3 Aktivitäten aus Ihrem Baum aus und bauen Sie diese bewusst und konsequent in Ihre Wochenplanung ein. Betrachten Sie nach jeder dieser Aktivitäten, wie es Ihnen geht. Unterstreichen Sie die Aktivitäten, die Ihnen besonders gutgetan haben. Spätestens am Ende jeden Monats nehmen Sie Ihren Energiecontainer zur Hand und halten das aktuelle Energieniveau mit Datum fest. So können Sie Ihre eigene Entwicklung verfolgen und erfahren, was Ihnen besonders guttut.

Wer einmal wenig Zeit findet, sich den Bereichen Natur und Musik in ihrer Reinform durch Spaziergänge, Wanderung in den Bergen, Baden im See oder Meer bzw. einem Konzertbesuch zu widmen, der kann sich auch mit einer DVD oder einem YouTube-Clip aus der Kombination von Musik und Natur behelfen und sich bewusst darauf einlassen (z. B. „Der Zauberwald – ein neuer Morgen" von Jörg Stolte).

Damit Ihnen Ihre Ressourcen aber nicht schneller schwinden als Ihnen lieb ist, ist es auf der anderen Seite notwendig, auch einen Blick auf Ihre Grenzen zu werfen.

2.5 Grenzen ziehen – achten – öffnen

Wenn Sie häufig oder ständig Ihre eigenen Grenzen überschreiten und sich konstant an Ihrem Leistungslimit bewegen, verlieren Sie Ihre mühsam geschaffenen Ressourcen schnell wieder. Dann laufen die automatischen, auf Notfall und Stress ausgerichteten Verhaltensmuster ab. Dazu zählt auch, gegenüber anderen klare Grenzen zu setzen. Dies ist unweigerlich damit verbunden, die eigenen Grenzen zu spüren und zu akzeptieren; zu erkennen, dass die eigene Leistungsfähigkeit Grenzen hat. Dies fällt insbesondere engagierten, leistungsorientierten und hilfsbereiten Studierenden schwer, ist allerdings von extremer Wichtigkeit, um einem schleichenden Leistungsabfall und einem Burnout vorzubeugen. Erst wenn Sie Grenzen erkannt und gewahrt haben, können Sie auch wieder bewusst Grenzen öffnen.

Bleiben Sie elastisch wie ein Gummiband. Finden Sie heraus, wem oder was gegenüber Sie klare Grenzen setzen und wessen Grenzen Sie respektvoller achten sollten. Falls es Ihnen allein zu schwer fällt, dies herauszufinden, ziehen Sie eine Person Ihres Vertrauens oder einen Coach hinzu. Abschließend ist es wichtig, diese Abgrenzung auch gegenüber der oder den betreffenden Personen wertschätzend zu kommunizieren. Denn wer nicht ausspricht, was er denkt, fühlt und benötigt, der braucht sich nicht zu wundern, wenn „der Raum" von anderen in Anspruch genommen wird. Wenn Sie nach einiger Zeit feststellen, dass Ihnen das Grenzensetzen guttut und wieder Raum für ein „Mehr an Miteinander" ist, können Sie die Grenzen jederzeit öffnen und verändern.

Auf gesunde Weise „Nein" sagen

▶ *Übung!*

Der Grenz-Cent

Denken Sie auch manchmal „Nein" und sagen dann doch „Ja"? Mit der Übung gelingt es Ihnen in Ihrem Alltag sichtbar zu machen, wie oft Ihnen dies im Laufe eines Tages passiert.

[1] Stecken Sie morgens einige 1- oder 2-Cent-Münzen in Ihre rechte Hosen- oder Jackentasche.

[2] Wann immer Sie während des Tages an der Uni, im Zusammensein mit Ihren Kommilitonen oder zu Hause „Ja" Sagen, obwohl Sie „Nein" meinen, geben Sie eine Münze von der rechten in die linke Tasche.

[3] Sehen Sie abends nach, wie viele Münzen Sie in der linken Tasche haben.

[4] Stellen Sie sich selbstkritisch die Frage: „In welchen Situationen hätte ich ein „Nein" ohne wirklich gravierende Nachteile sagen können?"

[5] Tun Sie es das nächste Mal!

Viele Menschen wissen nicht, wie Sie konkret **Nein** sagen sollen oder sich gegenüber anderen Menschen abgrenzen sollen, ohne verbal wild um sich schlagen zu müssen oder Gefahr zu laufen, einen Konflikt eskalieren zu lassen. Wenn Sie dazu gehören, empfehlen wir Ihnen, sich mit der **Gewaltfreien Kommunikation** (GFK) nach Marshall Rosenberg vertraut zu machen. Es gibt viele Beratungsstellen, die günstig kompakte Kurse dazu anbieten.

Bei der GFK gibt es vier Grundschritte, nach denen man eine Kommunikation aufbauen kann, die man mit etwas Übung fast immer anwenden kann. Sie lauten: Beobachtung, Gefühl, Bedürfnis und Bitte. Wir wollen Ihnen das an einem Beispiel verdeutlichen. Angenommen, Sie haben sich mit einem Freund zum Kinobesuch an einem Treffpunkt vor der Uni verabredet und er erscheint gut gelaunt 25 Minuten nach der vereinbarten Zeit. Sie haben im Freien gestanden, sind körperlich etwas unterkühlt und ziemlich sauer. Sie könnten jetzt sagen: „Du Mistkerl, immer muss ich ewig darauf warten, bis du endlich mal aufkreuzt. Ich hab langsam die Nase davon voll." Das ist authentisch, aber weder wertschätzend noch sonderlich konstruktiv in Richtung einer Änderung seines Verhaltens. Im Sinne der GFK könnten Sie die Situation so auflösen:

A **Beobachtung** bedeutet, eine konkrete Situation zu beschreiben, ohne sie mit einer Bewertung oder Interpretation zu vermischen. In diesem Falle wäre das eine Formulierung des Sachverhalts, z. B.: „Wir waren um 20.00 Uhr hier verabredet. Jetzt ist es 25 Minuten nach acht."

B Die Beobachtung löst ein **Gefühl** aus, das für Sie wahrnehmbar ist. Dieses Gefühl sollten Sie formulieren – in unserem Beispiel z. B.: „Mir ist durch die Wartezeit ganz schön kalt geworden und ich ärgere mich gerade ziemlich."

C Das Gefühl (des Ärgers) steht mit einem **Bedürfnis** in Verbindung. Bedürfnisse stehen für allgemeine Qualitäten, die vermutlich jeder Mensch gerne in seinem Leben hätte, wie zum Beispiel Sicherheit, Verständnis oder Wertschätzung. Die Wahrnehmung von Bedürfnissen ist wichtig, weil sie Wegweiser für eine Lösung sind, die für alle Beteiligten akzeptabel ist. Dieses Bedürfnis kann separat formuliert werden, muss aber nicht. Es kann auch durch die Äußerung des Gefühls in Verbindung mit der Bitte (Punkt 4) ausgedrückt werden. In unserem Beispiel könnten Sie sagen: „Ich wünsche mir mehr Wertschätzung von dir".

D Aus dem Bedürfnis geht schließlich eine **Bitte** um eine konkrete Handlung im Hier und Jetzt oder für die Zukunft hervor. „Ich bitte dich, dass du in Zukunft pünktlich bist oder mich anrufst, wenn du mehr als 10 Minuten zu spät dran bist."

Die Schritte der GFK in einem Satz zusammengefasst lauten:

> „Wenn ich **A** sehe, dann fühle ich **B**, weil ich **C** brauche. Deshalb möchte ich jetzt gerne **D**." (Rosenberg)

Übrigens: Selbst wenn Sie in einer akuten Situation „Ja“ gesagt haben und sich im Nachhinein überlegen, dass Sie lieber „Nein“ gesagt hätten, ist nicht alles vorbei. Anstelle sich zu ärgern, dass Sie nicht schnell genug waren, sich über Ihr Gefühl klar zu werden und nun mit dem Ergebnis leben zu müssen, können Sie handeln. Sie haben meist die Chance, den Gesprächspartner noch einmal in Ruhe und nach einer inneren Vorbereitung auf das Thema anzusprechen und Ihre Position zu revidieren. Sie können ohne Weiteres sagen: „Ich war vorhin/gestern einfach zu schnell mit meiner Zusage. Ich habe noch einmal über die Sache nachgedacht und bin zu folgendem Ergebnis gekommen: ...“ und formulieren dann Ihr Nein. Das wird meist akzeptiert. So haben Sie zwar erst mit Verzögerung Partei für sich selbst ergriffen, aber es immerhin getan, und damit geht es Ihrem Selbstwertgefühl gleich viel besser.

2.6 Der Umgang mit Emotionen

Nehmen Sie sich und Ihre Emotionen wahr. Ein gesundes Wesen braucht Emotionen und Körperempfindungen. Denn wenn Sie wissen wollen, wie es Ihnen geht, brauchen Sie nur auf Ihren Körper zu achten. Oftmals werden Emotionen und die Reaktionen des Körpers auf eine Situation oder Entscheidung als hinderlich angesehen, deren Einfluss man möglichst minimieren sollte. Inzwischen ist bekannt, dass Vernunft und rationales Handeln fast immer auf emotionale Zentren im Gehirn zurückgreifen. Ist der Zugriff gestört, so handeln Menschen nicht mehr so, wie man es erwartet. Darunter leidet vor allem die Fähigkeit, mit anderen Personen angemessen umzugehen, Prioritäten zu setzen oder Risiken einzugehen. So hat der amerikanische Hirnforscher Antonio Damasio (2002) nachgewiesen, dass die Bedeutung von Emotionen und Körperreaktionen für ein gutes **Selbstmanagement** enorm ist.

Die Frage nach einem erfolgreichen Selbstmanagement entsteht zumeist dann, wenn man mit dem eigenen Befinden und dem eigenen Handeln unzufrieden ist. Insbesondere dann, wenn Überlastung und häufige Konflikte mit Anderen zum Normalzustand werden. Die Betrachtung und Analyse auf einer rein kognitiven Ebene gibt meist keinen zufriedenstellenden Aufschluss über die wahren Hintergründe bzw. Lösungsansätze der belastenden Situation. Die Wahrnehmungen der eigenen Emotionen und Körperreaktionen und deren Lokalisierung im Körper über somatische Marker geben Aufschluss darüber und ebnen den Weg zu einer individuellen Lösung der Problematik.

Bei einem somatischen Marker handelt es sich um eine den Körper betreffende Wahrnehmung. Dies kann die Wahrnehmung des „Kloßes im Hals", des „Schlags in die Magengrube" oder des „vor Freude höher schlagenden Herzens" sein. Bemerkenswert ist dabei die Tatsache, dass dieser innere Zustand sich bereits im Körper zeigt, bevor man darüber überhaupt nachdenken kann. Somatische Marker lenken die Aufmerksamkeit entweder auf ein positives oder negatives Erlebnis. Auf diese Weise nehmen wir eine Körperempfindung zum Beispiel als intuitives Start- oder Stoppsignal bezüglich einer bestimmten Entscheidung wahr. Die Wahrnehmung und Lokalisierung eines solchen somatischen Markers im Körper ermöglicht es uns, den Gründen für Belastungen, Überreaktionen und Verhaltensweisen auf die Spur zu kommen.

Bevor wir auf das gezielte Selbstmanagement von Emotionen über die Arbeit mit somatischen Markern eingehen, möchten wir zunächst noch das Zustandekommen von Emotionen beleuchten, da zu jedem somatischen Marker auch eine Emotion existiert. Wie kommt es überhaupt zu emotionalen Erfahrungen? Mit der Beantwortung dieser Frage beschäftigt sich die Psychologie schon seit über 100 Jahren. Wir möchten uns hier der inzwischen gängigen und akzeptierten Theorie der kognitiven Bewertung anschließen. Danach werden ein erregender Reiz (Ereignis) und die damit verbundene physiologische Erregung gleichzeitig kognitiv bewertet. Die Emotion entsteht aus der Interaktion von Erregungsniveau und der Art der Einschätzung der Person.

Man nimmt an, dass Emotionen in ihrer Stärke, Qualität, Art und Weise von einer spezifischen Interpretation des einzelnen Individuums abhängen und gebildet werden. Die emotionale Erfahrung resultiert aus der Interaktion des Erregungsniveaus und der Art der Einschätzung. Unser emotionales „Erfahrungsgedächtnis" im Gehirn bewertet ständig alle Geschehnisse. Dies geschieht in Bruchteilen von Sekunden, wobei auch frühere Erfahrungen in ähnlichen Situationen mit einbezogen werden. Dabei reagiert das emotionale Erfahrungsgedächtnis nicht nur auf äußere Situationen, sondern auch auf innere Vorgänge. Wenn Sie z. B. am Wochenende während einer Bergwanderung unvermutet an die Präsentation denken, die Sie in der nächsten Woche in der Lehrveranstaltung zu halten haben, können Sie bereits die entsprechende emotionale und körperliche Reaktion erfahren, die Sie dabei haben werden. Fühlen Sie sich nicht gut vorbereitet, dann breitet sich aller Wahrscheinlichkeit nach ein Engegefühl in der Brust oder ein flaues Gefühl im Magen aus. Wenn der Gedanke an Ihre Präsentation hingegen mit Vorfreude verbunden ist, weil Sie gut recherchiert, eine beeindruckende Präsentation vorbereitet und bereits vorab Lob und Anerkennung von anderen Kommilitonen erhalten haben, denen Sie diese gezeigt haben, so werden Sie in Ihrem Körper sicher ein Gefühl der Leichtigkeit und Weite verspüren.

Ständig laufen in unserem Körper emotionale Einschätzungsprozesse ab. Je nach Aufgabenstellung sorgt unser emotionales Erfahrungsgedächtnis dafür, dass über Nervenimpulse und Hormonausschüttungen kleinere und größere körperliche Veränderungen geschehen. Erst diese Veränderungen im Körper signalisieren dem Gehirn, was gerade wesentlich ist. Wir können unseren Körper also als

„Bühne der Emotionen" sehen, die wir uns hinsichtlich eines emotionalen Selbstmanagements über die Wahrnehmung und Betrachtung der zuvor beschriebenen somatischen Marker zu Nutze machen können.

▶ Übung!
Körpersignale kennenlernen

Diese Übung soll Sie dabei unterstützen, an sich selbst das unmittelbare Erkennen von Emotionen und Körperreaktionen wahrzunehmen sowie diese zu beobachten. Wie Sie eben erfahren haben, ist es für das emotionale Erfahrungsgedächtnis unwichtig, ob ein Ereignis real in der Umwelt oder sich nur in Ihrer Vorstellung ereignet. Ihr Körper reagiert so oder so darauf. Insofern können Sie bei dieser Übung mit Ihrer Vorstellungskraft arbeiten und müssen sich nicht unmittelbar in eine Situation hineinbegeben, die Ihnen Schwierigkeiten und Kopfzerbrechen bereitet. Um Ihnen die Funktion und Wirkung zu verdeutlichen, arbeiten Sie am besten mit 2 unterschiedlichen Situationen.

[1] Wählen Sie einen ruhigen Ort und erinnern Sie sich an Ihren letzten Ausflug in die Berge. Stellen Sie sich vor, gerade dort zu sein. Es ist ein wunderschöner, sonniger Herbsttag. Die Blätter der Bäume sind in allen Schattierungen gefärbt. Sie kommen auf Ihrer Wanderung an einem Bergsee vorbei, auf dem die Sonne glitzert; ein leichter Wind weht und einige Vögel ziehen am Himmel ihre Kreise. Unter Ihren Füßen knistert das Laub und es duftet herrlich nach Herbst.

[2] Gönnen Sie sich ein wenig Zeit, bei dieser Vorstellung zu bleiben. Beobachten Sie dabei, wie sich der Rhythmus Ihrer Atmung verändert, wie

der Spannungszustand in Ihrem Bauch- und Brustbereich ist und was mit der Muskulatur Ihres Gesichts geschieht.

[3] Wählen Sie nun zum Vergleich ein anderes Beispiel: Stellen Sie sich vor, Sie sind mit Ihrem Vorgesetzen während eines Praktikum in einem Unternehmen im Gespräch über Ihre Aufgabenfelder. Plötzlich und unvermutet wird Ihr Gesprächspartner lauter und wirft Ihnen mangelnden Arbeitseinsatz vor. Er unterbricht Sie, redet massiv auf Sie ein und wird sogar aggressiv. Stellen Sie fest und fühlen Sie, was nun in Ihrem Körper geschieht.

[4] Wenn Sie mögen, dann können Sie jetzt noch eine in Ihrem Körper ablaufende automatische Reaktion genauer analysieren. Stellen Sie fest, was von Moment zu Moment in Ihrem Körper geschieht. Versuchen Sie festzustellen, was für Sie die beste Reaktion ist, wenn die automatischen Muster ablaufen. Achten Sie dabei auf jede Art von physiologischer Reaktion (Atmung, Körperspannung, Haltung, Temperaturempfinden, Enge und Weite in der Brust, Ihre Stimme usw.). Diese somatischen Marker können Sie im Alltag als eine Art „Frühwarnsystem" einsetzen, wenn Sie Gefahr laufen in eine schwierige Situation zu gelangen.

Diese Übung vermittelt Ihnen die Erfahrung, dass Sie Ihre Emotionen und damit Ihre Reaktionen steuern können, ihnen also nicht hilflos ausgeliefert sind. Sie zeigt Ihnen, wie eng Gedanken, Stimmungen, Gefühle und der Körper zusammenhängen. Außerdem sind Sie mit ein wenig Training in der Lage, sich in einen positiven Zustand zu versetzen und eine für Sie negative Situation genauer zu betrachten. Sie können rechtzeitig spüren, wann Ihre bisherigen Verhaltensweisen wieder die Führung übernehmen und wie Sie daran etwas ändern können. Das Üben im geschützten Raum macht es Ihnen möglich, neue, für Sie passendere Reaktionen vorab zu entwickeln und einzuüben.

2.7 Überprüfen der sozialen Rollen und inneren Antreiber

Einfluss und Bedeutung der sozialen Rollen. Sie sind als Person nicht nur Studierender einer Hochschule, sondern gleichzeitig auch Mitglied einer Familie, einer Gesellschaft, eines sozialen Systems. Als Teil dieses Systems kommen Ihnen unterschiedliche soziale Rollen zu, z. B. „Studierender", „Freund", „Lebensgefährte", „Bruder", „Enkel", „Praktikant", „Mitspieler", „Party- oder Freizeitorganisator". Eine Person füllt damit so viele Rollen aus, wie sie Positionen hat (vgl. Proy, 2009). Die Rollen wechseln Sie im Laufe eines Lebens immer wieder. Veränderte Lebensphasen bringen veränderte Rollen mit sich. So waren Sie vielleicht eben noch Abiturient oder Mitarbeiter in einem Unternehmen und sind nun in die Rolle des Studierenden gewechselt. Oftmals sind Wechsel und Verluste von Rollen eine Quelle für Rollenstress.

Bei der Entstehung von Rollen haben drei Aspekte eine Bedeutung: (a) die Rollenerwartung der Rollenpartner, (b) die eigene Deutung der Rolle durch den Rollenträger selbst und (c) das tatsächliche Ausfüllen der Rolle. Die Herausforderung besteht darin, sich mit der komplexen Rollenwelt und den damit verbundenen Anforderungen auseinanderzusetzen und sich darin zurechtzufinden.

Im Spannungsfeld von Rolle und Person. Soziale Rollen sind ein zentrales Element der eigenen Einpassung in das soziale Leben. Es geht immer um Identität und um Beziehung zu anderen Personen. Die Verbindung zwischen zwei Interaktionspartnern, die jeweils ihre Rollen haben, ist dauerhaft nur stabil, wenn beide

Partner die gegenseitigen Erwartungen erfüllen. Eine Rolle wird wie in einem Theaterstück erst dann „lebendig“, wenn sie von einer Person besetzt, eingenommen und mit Leben gefüllt wird. Dabei haben unterschiedliche Rollenpartner an den Inhaber einer Rolle unterschiedliche Erwartungen, die Aufgaben, Rechte und Pflichten nach sich ziehen. Diese heterogenen Erwartungen, die an eine bestimmte Rolle gerichtet sind, können die Person, die diese Rolle hat, schnell überfordern. Erwartungen bestehen zumeist implizit und werden selten gegenüber den Rollenpartnern geäußert. Daher kommt es oft zu enttäuschten Erwartungen und damit verbundenen Kränkungen. Diese wirken sich auf die psychische Befindlichkeit aus und können damit Burnout begünstigen.

Voraussetzung für das erfolgreiche Ausüben der eigenen Rollen ist, diese genau zu kennen. Doch was ist, wenn einem gar nicht bewusst ist, welche Rollen man innehat, und man diese Rollen nicht erwartungsgemäß ausübt? In diesem Fall entsteht daraus Rollenstress und so können schnell daraus Konflikte erwachsen. Ein Rollenkonflikt liegt z. B. dann vor, wenn ein Vorgesetzter in einem Praktikum Ihre eigene Urteilskraft erwartet, aber gleichzeitig „ungemütlich“ wird, wenn Sie eigenständig handeln (vgl. Proy, 2009). Die daraus resultierenden Rollenbelastungen stellen nicht unerhebliche Anforderungen an Sie als Rollenträger dar (vgl. Müller, 2009). Wer insbesondere in herausfordernden Situationen, Zeiten des Umbruchs und der Veränderung bestrebt ist, es allen Rollenpartnern recht zu machen, kann leicht scheitern. Doch um sich von Rollen auch abgrenzen zu können, ist es wichtig, die eigenen Rollen zu kennen. Die folgende Übung soll Sie dabei unterstützen, Ihre Rollen und die damit verbundenen Effekte zu identifizieren und Ihnen bei der Entscheidung zu helfen, wie Sie in Zukunft mit diesem Thema umgehen wollen.

▶ *Übung!*

Rollenidentifikation

Nehmen Sie sich einen großen Bogen Papier oder verwenden Sie Ihr Textverarbeitungsprogramm im Querformat.

- Überlegen Sie, welche Rollen Sie in den letzten 4 Wochen auszufüllen hatten. Sie können dies auch gut anhand der Aufgaben nachvollziehen, die Sie in diesem Zeitraum erfüllt haben (für wen haben Sie was in welcher Rolle getan?). Nehmen Sie dabei unterstützend Ihren Terminkalender zur Hilfe. Listen Sie die Aufgaben und die damit verbundenen Rollen untereinander auf.
- Überlegen Sie nun, welche Erwartungen Ihrer Einschätzung nach jeweils damit verbunden sind. Welche Erwartungen werden in dieser Rolle an Sie gestellt. Halten Sie die Erwartungen, die im Umfang unterschiedlich groß sein können, neben der jeweiligen Rolle fest.
- Vermerken Sie daneben, welche Rollen Ihnen guttun, Ihnen Freude bereiten und Kraft geben. Halten Sie dies mit einem ++ bis – – in einer neuen Spalte fest.
- Priorisieren Sie anschließend Ihre Rollen nach dem Grad der positiven bzw. negativen Qualität, die sie für Sie haben. Sie können noch vermerken, wie viel Zeit Sie prozentual auf jede Rolle innerhalb einer Woche verwenden bzw. verwenden möchten. Vielleicht entsteht in Ihnen der Wunsch, sich bei genauerer Betrachtung von der ein oder anderen ungeliebten Rolle, die Sie zu viel Kraft kostet, „zu verabschieden", indem Sie die damit verbundenen Aufgaben abgeben.

- Abschließend sind Sie nun gefordert, Ihre Rollenpartner über Ihre zukünftig veränderte Vorgehens- und Verhaltensweise zu informieren. Tun Sie dies nicht, werden Ihre Rollenpartner mit Unverständnis hinsichtlich Ihres ungewohnten Verhaltens reagieren und eventuell Druck auf Sie ausüben. Damit würde sich der Rollenstress für Sie und den anderen sogar noch vergrößern. Überlegen Sie im Vorfeld, mit welchen Worten Sie die angestrebte Veränderung kommunizieren wollen. Die Methode der GFK aus → *Teil 3/Kapitel 2.5* kann Ihnen dabei helfen.

Diese Übung macht Ihnen deutlich, welche Rollen Sie bisher ausgefüllt haben und welche „Hüte" Sie im Laufe eines Monats aufhaben. Es wird Sie erleichtern, zu erleben, dass bestimmte Erwartungen in erster Linie an die Rolle und nicht an Sie als Person gebunden sind. Durch diese Betrachtung wird es Ihnen möglich, die Anforderungen an die Rollen unbelasteter und flexibler erfüllen zu können. Damit können Sie mit den jeweils damit verbundenen Erwartungen gelassener umgehen. Die offene Kommunikation mit Ihren Rollenpartnern ermöglicht es Ihnen, unterstützende und stärkende Verbindungen zu pflegen und belastende zu minimieren. Denn belastende Rollen führen zu Gefühlen der Machtlosigkeit, schwächen Sie und beeinträchtigen Ihre psychische Gesundheit.

Die intensive Beschäftigung mit dem eigenen Rollengefüge macht es Ihnen zudem möglich, bestimmte Rollen zu intensivieren und auch Rollenerwartungen neu zu definieren, um besser mit Rollen zurechtzukommen, aus denen Sie sich nicht lösen können.

Innere Antreiber leiten unsere innere Stimme. Unser Verhalten ist vielfach geprägt und gesteuert durch Überzeugungen, die als unbewusste Programme im Hintergrund unseres Lebens laufen. Dabei handelt es sich um Überzeugungen, die wir oft seit langer Zeit haben. Diese Überzeugungen sind auf sogenannte „innere Antreiber“ zurückzuführen, die uns im Kindesalter Eltern, Verwandte und frühe Bezugspersonen mit auf den Weg gegeben haben. Sie werden uns von den Eltern in bester Absicht mit auf den Entwicklungsweg gegeben und sollen uns in die Lage versetzen, unser Leben erfolgreich zu meistern und uns in der Welt zurechtzufinden. Damit verbunden sind Glaubenssätze, die wir im Laufe unseres Lebens, besonders schon in unserer Kindheit, sammeln.

Diese Glaubenssätze sind für unsere Überzeugungen verantwortlich. Sie beeinflussen unser Verhalten, unsere Haltung zum Leben, unsere Beziehung zu uns selbst und zu unseren Mitmenschen. Sie „weisen“ uns den Weg im Leben. Sie sind so etwas wie „Leitprinzipien“, ein innerer Kompass. Im Kern repräsentieren sie positive Eigenschaften wie: Stärke und Unabhängigkeit, Genauigkeit und Fehlerfreiheit, Freundlichkeit und Liebenswürdigkeit, Schnelligkeit, Gründlichkeit und Durchhaltevermögen (vgl. Remmert, 2012). Oft wirken sie gleichzeitig als stressverschärfendes Denken in Form eines „Muss-Denkens“, das uns nur schwer zur Ruhe kommen lässt. Finden Sie im Folgenden diese zentralen Antreiber vorgestellt:

Abb. 10: Innere Antreiber

Mit jedem dieser inneren Antreiber sind bestimmte Typologien, Bedürfnisse und auch positive Aspekte verbunden:

Antreiber	Typ	Bedürfnis	positiver Aspekt
Sei stark!	Kämpfer, Konkurrent	keine Schwäche zeigen, alleine zurechtkommen, alles unter Kontrolle halten	Stärke, Einfluss, Unabhängigkeit
Sei perfekt!	Perfektionist	Vollkommenes leisten wollen	Genauigkeit, Korrektheit, Fehlerfreiheit

Mach es allen recht!	harmoniesüchtiger, netter, liebenswürdiger Mensch	will von allen gemocht und wertgeschätzt werden	Freundlichkeit, Liebenswürdigkeit, Mitgefühl
Beeil dich!	Hektiker	will schnell am Ziel sein	Zeit und Chancen nutzen, Zielorientierung
Streng dich an!	Selbstausbeuter, Überforderer	nie aufgeben, beständig Aufgaben verfolgen	Durchhaltevermögen, Beharrlichkeit, Ausdauer

Mit jedem dieser Glaubenssätze, die individuell unterschiedlich stark ausgeprägt sind, sind sowohl Vor- als auch Nachteile verbunden.

Sei stark! – Diese Personen bewahren in kritischen Situationen die Ruhe, sie sind bereit, auch unpopuläre Entscheidungen zu treffen, und arbeiten gleichmäßig und stets zuverlässig. Doch auf der anderen Seite bitten sie nicht um Unterstützung, sie zeigen keine Gefühle und sie überfordern sich auf Dauer selbst. Damit verknüpft ist ein ausgeprägtes Autonomiemotiv, verbunden mit dem Wunsch, das eigene Leben selbstbestimmt und unabhängig zu gestalten. Dies erhöht die Stressanfälligkeit in Situationen, in denen man auf andere angewiesen ist und sich auf andere verlassen muss. Am liebsten erledigt man alles selbst. Um Unterstützung zu bitten und sich anderen anzuvertrauen fällt solchen Menschen schwer. Damit sorgt dieser innere Antreiber leicht für Selbstüberforderung.

Sei perfekt! – Solche Menschen arbeiten stets korrekt und akkurat; sie sind gut organisiert und effektiv. Vorschläge anderer werden hingegen als Kritik gesehen. Sie verlangen Perfektionismus und Vollkommenheit von sich und anderen; es mangelt an Gelassenheit. Damit einher geht ein ausgeprägtes Leistungsmotiv, der Wunsch nach Erfolg und Selbstbestätigung durch sehr gute Leistung. Die Stressanfälligkeit erhöht sich in Situationen, in denen Misserfolg, eigene Fehler und Versagen möglich sind bzw. drohen. Solche Menschen sind bestrebt, derartige Situationen zu vermeiden. Das perfekte Leistungsstreben wird in alle Lebensbereiche hineingetragen. Mittel- und langfristig führt dies zur Selbstüberforderung und letztlich zur Erschöpfung.

Mach es allen recht! – Bei dieser Gruppe handelt es sich um gute Teammitglieder, die über eine gute Intuition verfügen. Sie fördern die Harmonie und den Zusammenhalt. Auf der anderen Seite entwickeln sie keinen eigenen Standpunkt, grenzen sich nicht ab, sind unsicher und können nur schwer „Nein" sagen. Dieser Antreiber ist verbunden mit dem Wunsch, dazuzugehören und geliebt zu werden. Die Stressanfälligkeit steigt in Situationen, in denen Ablehnung, Zurückweisung und Kritik durch andere möglich erscheinen. Es wird als belastend erlebt, die eigenen Interessen vertreten und Konflikte bzw. Meinungsverschiedenheiten austragen zu müssen. Damit einher geht ein hohes Maß an Selbstüberforderung.

Beeil dich! – Menschen, bei denen diese Überzeugung im Vordergrund steht, können viel in kurzer Zeit erledigen und verfügen über eine hohe Auffassungsgabe. Jedoch werden Fehler gemacht und Termine nicht eingehalten. Sie sind schnell ungeduldig und können nicht entspannen. Hier steht das Streben im Vordergrund, alles rasch zu erledigen, rasch zu antworten und zu sprechen. Wer unter diesem Antreiber steht, kann anderen zeigen, dass sie nicht zu lang und ausführlich sprechen sollten. Wenn dieses Motiv übersteigert wird, dann macht dies stressanfällig in Situationen, in denen Terminverkürzungen und kurzfristige Zusatztermine anberaumt werden. In solchen Situationen wird versucht, auch gegenüber anderen auf das Tempo zu drücken. Zeit geht vor Ergebnis. Die Stressanfälligkeit resultiert aus einer ständigen zeitlichen Überforderung.

Streng dich an! – Personen dieser Gruppe sind interessiert, zeigen Initiative und gehen neue Aufgaben an. Sie sind besonders geeignet, schwierige Projekte in Gang zu bringen und bereit, einen hohen Arbeitseinsatz zu bringen. Allerdings arbeiten sie zu viel und setzen keine Prioritäten. Es zählt weniger das Resultat, sondern mehr die Anstrengung. Spaß ist verboten. Damit verbunden ist der Wunsch nach Anerkennung, aber auch die Befürchtung, scheitern zu können, wenn man sich nicht genug angestrengt hat. Dies führt leicht dazu stecken zu bleiben nach dem Motto: „Ich habe es ja versucht, doch …". Dadurch bleibt vieles unerledigt. Es zählt nur ein Tun, das mühevoll ist und schmerzt. Eine solche Art des Tuns führt zwangsläufig zu Überforderung. Leichtigkeit und Freude im Tun ist diesem Personenkreis suspekt.

Die Antreiber besitzen ihre eigene Dynamik und verstärken sich durch ihre Ausübung. Dieser Kreislauf beginnt immer wieder von Neuem; es handelt sich dabei um eine Art Automatismus (vgl. Frohme & Schmale-Riedel, 2008). Anhand des Antreibers „Mach es allen recht" soll dies in → Abb. *11* verdeutlicht werden.

Diese inneren Programme sind letztlich für Perfektionismus, eine starke, einseitige Leistungsorientierung, mangelnde Grenzsetzung für sich und andere, Ruhelosigkeit, sich unter Druck setzen und die Vernachlässigung eigener Wünsche und Gefühle verantwortlich.

Wenn wir erwachsen sind und ausreichend Selbstreflexionsfähigkeit besitzen, haben wir die Möglichkeit, diese Glaubenssätze aufzuspüren, genauer zu betrachten und mit Übung auch abzulegen. Doch in den seltensten Fällen tun wir dies. Meist ist uns gar nicht bewusst, dass wir diese Überzeugungen auch heute noch in uns tragen, sie kultivieren und nach ihnen handeln. Unbedacht sind wir auch als Erwachsene bestrebt, diese Prinzipien zu erfüllen und setzen uns dabei selbst unter zusätzlichen Druck. Diese Prinzipien erzeugen Stress und tragen ihren Teil

Abb. 11: Dynamik der inneren Antreiber

dazu bei, dass wir uns im Ungleichgewicht befinden. Stark ausgeprägte Antreiber können eine Eigendynamik entwickeln; sie „kontrollieren" in besonders starkem Maße die innere Einstellung und damit unser Handeln. Diese Programme treiben uns Tag für Tag an und voran, noch erfolgreicher zu sein, Anerkennung zu bekommen und Bestleistung zu erzielen. Folgen wir „blind" unseren Antreibern, um uns mehr Achtung, Anerkennung und Zuwendung zu sichern, verstärken wir in Wirklichkeit den Mangel an Selbstwert. Die Antreiber tragen ihren Teil dazu bei, dass sich das sprichwörtliche „Hamsterrad" immer schneller dreht. Damit erzeugen wir noch mehr Stress und erreichen das Gegenteil von dem, was wir beabsichtigen. Doch es gibt Alternativen zu den elterlichen Botschaften.

Mit der nachstehenden Übung können Sie Ihre Antreiber aufspüren und für sich neue, passende Botschaften entwickeln.

▶ Übung!

Aufspüren und Erlauben

Nehmen Sie sich etwas Zeit und erinnern Sie sich an typische Situationen aus Ihrer Kindheit, in denen Sie in Kommunikation mit Ihren Eltern oder anderen wichtigen Bezugspersonen waren. Vergegenwärtigen Sie sich diese Situationen und identifizieren Sie das typische hinter einer Aussage dieser Person liegende Muster. Z. B. „Hast du deine Hausaufgaben ordentlich erledigt?" könnte ein Hinweis auf „Sei perfekt!" sein oder „Hast du auch Sabrina und Peter zu deinem Geburtstag eingeladen?" (Anmerkung: Kinder der Nachbarn, die Sie überhaupt nicht mögen) ist ein Hinweis auf „Mach es allen recht!". Identifizieren Sie so viele Situationen wie möglich. Wenn Sie sich hinsichtlich Ihrer Antreiber nicht sicher sind, können Sie auch einen Test verwenden. Einen Link dazu finden Sie im Serviceteil dieses Buchs.

Beantworten Sie sich nun die Frage, ob es sich bei dem Antreiber auch heute noch um eine für Sie angemessene Art und Weise handelt, sich als Erwachsener zu verhalten? Sollten Sie zu dem Ergebnis gelangen, dass dem nicht so ist, dann stellen Sie sich folgende Frage: „Was wäre ein passenderer Satz für ein gesundes Verhalten im Hier und Jetzt?“ Dies könnten z. B. folgende Erlaubersätze sein:

- **Sei stark!** – „Ich darf offen sein für Zuwendung. Ich darf mir Hilfe holen und sie annehmen. Gefühle zu zeigen ist erlaubt und ein Zeichen von Stärke und emotionaler Intelligenz. Ich darf offen sein und mich zeigen. Ich darf meine Wünsche mitteilen.“
- **Sei perfekt!** – „Ich darf Fehler machen und aus ihnen lernen. Es können auch 90% genügen. Ich bin gut genug. Ich bin vor allem wertvoll durch das, was ich bin. Ich gebe mein Bestes – das reicht.“
- **Mach es allen recht!** – „Ich darf meine Bedürfnisse und Standpunkte ernst nehmen. Ich bin o.k., auch wenn jemand unzufrieden mit mir ist. Ich bin auch wichtig. Ich bin nicht immer schuld. Ich darf es auch mir recht machen. Ich muss nicht bei allen beliebt sein: Everybody's Darling zu sein ist nicht mein Ding.“
- **Beeil dich!** – „Ich darf mir Zeit nehmen und auch Pausen machen. Manches darf auch länger dauern. Ich kann mich entscheiden, ob und wann ich mich beeile! Ich darf mir die Zeit geben, die ich brauche. Meine Zeit gehört mir. Ich darf meinen Rhythmus und meine Form berücksichtigen.“
- **Streng dich an!** – „Meine Kraft gehört mir. Ich tue es nicht für dich, ich tue es nicht gegen dich – ich tue es für mich. Arbeit darf auch leicht sein. Ich darf Ziele locker, mit Spaß und Freude erreichen und meine Erfolge genießen. Ich darf etwas mit Gelassenheit tun und beenden. Auch wenn es leicht ist, ist es wertvoll.“

Achten Sie beim Finden und Formulieren Ihrer neuen Glaubenssätze darauf, dass sich diese für Sie gut „anfühlen". Dies können Sie herausfinden, indem Sie sich eine typische Situation vorstellen, in der Ihr bisheriger Antreiber in Führung war. Ersetzen Sie nun Ihren alten Glaubenssatz durch den passenderen neuen. Spielen Sie in Gedanken die Situation nun durch. Was ändert sich spürbar und wie geht es Ihnen damit? Wie verhalten Sie sich nun? Wie fühlen Sie sich?

Wenn Sie dadurch mehr Freiraum, Leichtigkeit und Lebensqualität erhalten, dann sind Sie auf dem richtigen Weg. Dadurch, dass Sie sich nun authentisch verhalten, steigen Ihr Selbstwertgefühl und Ihre Lebensqualität mit jedem Mal.

2.8 Entwickeln Sie Ihre Lebensvision

Bisher lag der Schwerpunkt darauf, Ihnen konkrete Anregungen und Übungen an die Hand zu geben, die Sie dabei unterstützen sollen, Ihre schwierige Situation unmittelbar zu entlasten. Doch auch die Betrachtung der langfristigen Zukunftsperspektiven ist einen Blick wert. Die detaillierte Auseinandersetzung mit Ihren langfristigen Lebenszielen wirkt sich positiv auf Ihre Motivation und die Überwindung von schwierigen Phasen in Ihrem Leben aus. Es ist hilfreich und unterstützend, sich auf Wünsche, Lebensziele und Ressourcen anstatt auf Probleme und deren Entstehung zu fokussieren. Denken und handeln Sie lösungsorientiert. Behalten Sie immer auch das im Blick, was jetzt bereits gut funktioniert und von dem Sie sich im weiteren Verlauf Ihres Lebens noch mehr wünschen.

Aus diesem Grunde möchten wir Sie dazu ermutigen, auf der Basis Ihrer Ergebnisse von der Übung → *Visionsreise "* *(Teil 3/Kapitel 2.1 „Aufbau von Resilienz"* eine

Lebensvision zu entwickeln, also weit über das Ende Ihres Studiums und den Berufseintritt hinauszugehen.

Achten Sie bei der folgenden Übung im Sinne einer gehirngerechten Verankerung darauf, einfache Alltagsworte zu benutzen. Orientieren Sie sich dabei an Ihren Stärken und Kompetenzen. Jeden Schritt, den Sie zunächst denken, bevor Sie ihn tun, sollte in Richtung der angestrebten Lebens- und Berufsziele gehen. Finden Sie zunächst heraus, welche Kompetenzen Ihnen in der Vergangenheit geholfen haben, schwierige Situationen zu überwinden. Halten Sie diese Kompetenzen fest. Identifizieren Sie außerdem Ihre Ressourcen, die Ihnen zur Verfügung stehen. Das können besondere Fähigkeiten oder Fertigkeiten ebenso sein, wie bestimmte Menschen, deren Wohlwollen Sie sich sicher sein können. Bevor Sie mit der Übung starten, erinnern und überprüfen Sie nochmals Ihre Werte, Ihre persönlichen Grundsätze und Ihr Motto, das Sie für Ihr Studium gewählt haben, auf Stimmigkeit. Gerne können Sie diese Punkte auch auf einem Blatt oder Metaplankarten festhalten. Diese Aspekte sind wichtig für die nun folgende Übung.

▶ *Übung!*

Lebensvision

Finden Sie nun heraus, was maßgeblich zu den bisherigen Erfolgen in Ihrem Leben geführt hat und dazu, dass Sie bestimmte Ziele erreicht haben. Identifizieren Sie außerdem, was gerade trotz aller Schwierigkeiten gut läuft. Stellen Sie sich auf dieser Basis nun vor, dass eine gute Fee zu Ihnen kommt. Diese Fee erfüllt Ihnen jeden beruflichen Wunsch und sorgt dafür, dass Sie finanziell abgesichert sind, indem Sie Ihnen 7 Millionen Euro mitbringt. Das Geld steht Ihnen aber nur zur Verfügung, wenn Sie bis zur Rente arbeiten, und Sie müssen mit Ihrer Arbeit auch Geld verdienen. Wie sieht Ihr Leben in

10, 25 und 50 Jahren aus? Worauf blicken Sie mit Stolz im Alter von 70 Jahren zurück, wenn Sie mit einem guten Glas Wein auf der Terrasse sitzen? Halten Sie die wichtigsten Etappen fest.

Finden Sie zusätzlich noch Folgendes heraus: Wo sehen Sie sich? Mit wem haben Sie jeweils zu tun? Was steht an Ihrem Büroschild? In welcher Umgebung befinden Sie sich? Welche Menschen umgeben Sie? Sie sehen aus dem Fenster, wohin blicken Sie? Sie haben etwas zu feiern, was feiern Sie? Sie entspannen sich, was tun Sie? Sind Sie selbständig oder angestellt? Woran spüren Sie, dass Sie die jeweiligen Etappen erreicht haben? Wie fühlt sich die zentrale Situation für Sie an? Woran würden andere, Ihnen nahestehende Personen merken, dass Sie Ihre Etappenziele erreicht haben? Bei der Entwicklung Ihrer inneren Bilder kann Ihnen auch Ihre Visionscollage (→ *Teil 3/ Kapitel 1.1.3*) helfen.

Stellen Sie sich nun die Frage, ob Sie für die Vision, die Sie entwickelt haben, überhaupt so viel Geld benötigen? Oft sind es mangelnder Mut, Bequemlichkeit oder die nicht vorhandenen Umsetzungswerkzeuge, die uns daran hindern etwas zu tun. Was müssten Sie tun, um Ihre Lebensvision zu erreichen? Was wären wichtige Schritte? Was wäre notwendig?

Halten Sie Ihre Vision schriftlich fest und nehmen Sie diese regelmäßig zur Hand. Nehmen Sie sich für die Übung mindestens 60 Min Zeit. Falls Sie beim ersten Mal nicht fertig werden sollten, machen Sie an einem anderen Tag weiter.

Mit Hilfe dieser Übung gelingt es Ihnen, sich immer wieder positiv auszurichten, Ihre Kompetenzen, Ihre Ressourcen und Ihre Ziele im Auge zu behalten. Ihr Studium ist, auch wenn es momentan schwierig für Sie ist, ein wesentlicher Baustein dazu. Ihre Lebensvision stärkt und unterstützt Sie dabei, am „Ball" zu bleiben.

2.9 Die Macht der Gedanken und Einstellungen

Das fortgeschrittene Stadium eines Burnouts geht oftmals auch einher mit einer **Depression**. Wie in → *Teil 1/Kapitel 8* bereits dargestellt, können depressive Störungen unterschiedliche Ursachen haben. Sie können in Zusammenhang mit einschneidenden Veränderungen der Lebensverhältnisse, Schicksalsschlägen wie dem Tod einer nahestehenden Person, schwerer Krankheit oder im Zusammenhang mit länger andauernden Belastungen wie Konflikten in der Familie, der Partnerschaft oder mit chronischen Anspannungen, psychischem Druck im Studium stehen.

Eine wesentliche und ausschlaggebende Rolle spielen bei der Entstehung von Depression auch die eigenen Gedanken. Verzerrte, einseitige, katastrophisierende und negative Denkmuster tragen ihren Teil dazu bei. Dabei handelt es sich um stabile, negativ ausgerichtete Muster und Denkstrukturen, die die Wahrnehmung und Interpretation der Realität nachteilig verzerren. „Die dysfunktionalen kognitiven Grundmuster bestehen in negativen, pessimistischen Einstellungen depressiver Personen zu sich selbst" (Wittchen & Hoyer, 2011, S. 895). Es kann davon ausgegangen werden, dass diese ungünstigen Schemata und Überzeugungen durch ungünstige frühe Erfahrungen und Lernprozesse erworben wurden. Durch weitere Situationen in der individuellen Lebensgeschichte, die der Entstehungssituation ähnlich sind, werden diese aktiviert. Diese Gedanken laufen automatisch ab und zeigen sich in absolutistischen, verallgemeinernden, verzerrten, unlogischen und völlig unangemessenen Fehlschlüssen. Diese wirken wiederum als Verstärker und führen zu dauerhaften Überzeugungen. Damit einhergehen die für eine Depression charakteristischen Merkmale der Hoffnungslosigkeit, Selbstkritik und geringen Selbstachtung. Im Folgenden sind diese kognitiven Fehlleistungen dargestellt, damit Sie überprüfen können, ob Ihnen das ein oder andere Denkmuster bekannt vorkommt.

Negative Denkmuster und kognitive Fehlleistungen

Voreilige Schlüsse – dabei werden negative Interpretationen und Schlussfolgerungen vorgenommen. Sie deuten eine Situation negativ, obwohl keine einzige Tatsache bekannt ist, die Ihren Schluss zweifelsfrei bestätigt. Beispiel: „Ich kann mich nicht zum Volleyballtraining aufraffen, außerdem will mich doch dort eh keiner sehen."

Gedankenlesen – man ist überzeugt davon, dass andere Personen negativ über einen denken. Beispiel: „Was soll ich mich in der mündlichen Prüfung anstrengen? Der Prüfer denkt eh, dass ich es nicht kann."

Katastrophisieren – beschreibt die Überzeugung, dass die eigene Entwicklung negativ verlaufen wird. Positive Aspekte und Ereignisse bleiben unbeachtet. Beispiel: „Ich werde das Studium eh nicht schaffen und beruflich nie etwas erreichen."

Selektive Abstraktion – bezeichnet Schlüsse, die nur aufgrund eines Aspektes von vielen vorschnell in einer Situation gezogen werden. Beispiel: „Unsere Präsentation wurde so schlecht bewertet, weil ich zu schnell und undeutlich gesprochen habe."

Übergeneralisierung – meint das Erleben eines einzelnen negativen Ereignisses und sorgt dafür, dass auch alle anderen vergleichbaren Ereignisse als negativ verallgemeinert werden. Ein einzelnes negatives Ereignis wird als ein permanentes Muster von Niederlagen gesehen. Beispiel: „Bei so einer leichten Prüfung bin ich durchgefallen. Mit Sicherheit werde ich keine weitere mehr bestehen."

Über- und Untertreibung – Leistungen werden entweder über- oder unterschätzt. So werden bei einer Übertreibung negative Aspekte „vergrößert"; positive hingegen werden „verkleinert". Beispiel für eine Untertreibung: „Ich wurde zum Studentensprecher gewählt, obwohl mir jegliche Fähigkeiten dafür fehlen." Beispiel für eine Übertreibung: „Ich habe meine Freundin versetzt. Sicher will sie nichts mehr mit mir zu tun haben."

Alles-oder-nichts-Denken – Situationen werden nur noch als schwarz oder weiß gesehen. Wenn Ihre Leistung weniger als perfekt ist, halten Sie sich für einen völligen Versager. Beispiel: „Wenn ich meiner Freundin nicht jeden Wunsch erfülle, wird sie mich verlassen."

Tunnelblick – es werden nur noch die negativen Seiten einer Situation oder eines Ereignisses betrachtet. Beispiel: „Ich habe keine Lust, mich mit dir zu verabreden. Wir streiten doch eh wieder nur und der ganze Abend ist damit ruiniert."

Geistige Filter – hier wird nicht das Gesamtbild einer Situation betrachtet, sondern nur ein Teilaspekt. Sie greifen ein einzelnes negatives Detail heraus und beschäftigen sich ausschließlich damit. Dadurch wird Ihre Sicht der Realität verdunkelt. Beispiel: „Meine Mutter wird mich nie wieder bitten, sie vom Bahnhof abzuholen, weil ich viel zu spät war."

Abwehr des Positiven – ein negatives Grundbild wird aurechterhalten; positive Erfahrungen, Taten und Eigenschaften hingegen nicht gesehen und wertgeschätzt. Positive Erlebnisse werden mit der Begründung abgetan, sie würden aus irgendeinem Grund „nicht zählen".

Auf diese Weise halten Sie negative Überzeugungen aufrecht. Beispiel: „Dass ich das Praktikum bekommen habe, war pures Glück. An meinen Fähigkeiten kann es jedenfalls nicht gelegen haben":

Emotionale Beweisführung – Trotz entkräftender Beweise sind Sie der Meinung, dass negative Gefühle ausdrücken, was passiert. So gehen Sie davon aus, dass Ihre negativen Emotionen in jedem Fall widerspiegeln, wie die Dinge wirklich sind. „Weil ich so empfinde muss es so sein."

Imperative – man hat eine bestimmte Vorstellung davon, wie man sich selbst und wie sich andere verhalten sollten. Aus diesem Grunde versucht man sich mit Aussagen wie „sollte" oder „müsste" zu motivieren, als müsste einen jemand antreiben und bestrafen, bevor man es selbst tut. Die emotionale Konsequenz sind Schuldgefühle. Doch dadurch entsteht Druck, der zur Teilnahmslosigkeit führt. Beispiel: „Eine halbe Stunde Lernpause ist zu lang. Ich sollte viel mehr lernen und mich weniger ausruhen."

Etikettierung – dabei handelt es sich um eine übertriebene Form der Verallgemeinerung. Man gibt sich selbst oder anderen aufgrund negativer Vorerfahrungen ein grundsätzliches Etikett. Beispiel: „Ich werde mein Leben lang zu blöd dazu sein." Wenn einem das Verhalten eines anderen Menschen „quer" kommt, verpasst man dem Betreffenden einen negativen Stempel. Beispiel: „Er ist ein verdammter Dreckskerl."

Personalisierung – man schließt grundsätzlich bei negativen Ereignissen auf sich selbst, obwohl man nichts damit zu tun hat. Man sieht sich als Ursache eines negativen äußeren Ereignisses. Beispiel: „Mein Trainingsleiter ist heute schlecht gelaunt, bestimmt habe ich etwas falsch gemacht" (vgl. Wittchen & Hoyer, 2011 und Burns, 2006).

Diese negativen Gedanken begünstigen unangenehme körperliche Aspekte wie Schlafstörungen oder innere Unruhe, Gefühle der Interesselosigkeit und Traurigkeit sowie konkretes Verhalten. Das kann dazu führen, dass es für Sie immer schwieriger wird, regelmäßig an den Lehrveranstaltungen teilzunehmen. Am liebsten würden Sie den ganzen Tag zu Hause oder im Bett verbringen.

Um diesen negativen „Denkspiralen" zu entkommen, ist es extrem wichtig, dass Sie Ihre Gedanken konsequent beobachten. Da Gedanken etwas sehr Flüchtiges sind, ist es sinnvoll, wenn Sie für eine gewisse Zeit ein **Gedankenprotokoll** führen (z. B. Burns, 2006, S. 228 ff.). Legen Sie sich ein kleines Notizbuch zu oder nutzen Sie die entsprechende Funktion in ihrem Smartphone bzw. Tablet-PC. Halten Sie über mindestens 2 Wochen hinweg möglichst viele Ihrer Gedanken sowie die Uhrzeit und die dazugehörige Situation fest. Notieren Sie zusätzlich, welche Stimmung Sie dabei empfunden haben. Von Doppelminus bis Doppelplus können Sie dabei alles verwenden (– –/++). Analysieren Sie am Ende jeder Woche, welche der zuvor dargestellten Denkmuster besonders häufig bei Ihnen auftreten. Finden Sie alleine oder mit einer Person Ihres Vertrauens, die sie gut kennt, Beispiele, die einen Gegenbeweis darstellen, und entwickeln Sie eine neue Perspektive. Stellen Sie sich die Frage: „Wie könnte eine andere Person darüber denken? Was denkt jemand darüber, den die Situation weniger belastet als mich?" Üben Sie diese alternativen Gedankenmuster und finden Sie heraus, wie eine positive Ursachenzuschreibung aussieht. Halten Sie die neuen, alternativen Gedanken in Ihrem

Gedankenprotokoll fest. Behalten Sie stets die Bewertung und Schlussfolgerung Ihrer Gedanken im Auge.

Wer sich seiner eigenen Einstellungen und Bedürfnisse bewusst ist, sich von Problemen im Studium und im Freizeitbereich distanzieren kann und lernt, Unveränderliches zu akzeptieren, Veränderbares aktiv zu verändern, der spart Kraft und Energie, die dann in zielführende und zufriedenstellende Aktivitäten fließen kann. So kann es Ihnen gelingen, mit sich selbst und Ihrem Studium wieder zufriedener zu werden und depressiven Tendenzen eigenverantwortlich entgegenzuwirken.

Je mehr es Ihnen glückt, in alternativen Mustern zu denken, desto freier und positiv gestimmter werden Sie. Sie setzen damit bei sich unbekannte Ressourcen und Energien frei. Falls Ihnen dieser Teil der aktiven Selbsthilfe zu komplex erscheint, holen Sie sich professionelle Unterstützung durch einen therapeutisch orientierten Coach oder einen Psychotherapeuten.

Das gilt übrigens für den gesamten „hellgrauen Bereich". Sie müssen nicht erst am Ende der Erschöpfungsspirale ankommen, um sich Hilfe holen zu dürfen. Es ist sinnvoll, sich so früh wie möglich mit sich und seinen Mustern zu beschäftigen, weil es verhindern kann, gegen die Wand zu fahren. Solange Sie allerdings noch nicht „krank" sind, zahlt die **Krankenkasse** nicht und die Investition in sich selbst bedeutet, dass Sie diese Kosten meist selbst tragen müssen.

3 Stadium C: Professionelle Hilfestellung

Stellen Sie sich vor, Sie kommen Samstagnacht von einer ausschweifenden Party nach Hause und stehen vor Ihrer Wohnungstür und wollen aufschließen. Sie durchsuchen alle Taschen, aber Ihren Schlüssel finden Sie nicht. Sie werden unruhig, hektisch und laufen noch einmal den ganzen Weg bis zur Bushaltestelle ab – vergeblich. Für einen Moment sind Sie völlig ratlos. Ihre Gedanken rasen und Sie stellen sich vor, wie Sie die Nacht vor der Haustür verbringen müssen. Erst nach einer Weile kommt Ihnen die Idee, einen Ihrer Freunde anzurufen und zu fragen, ob Sie die Nacht dort verbringen können. Im Gespräch mit Ihrem Freund kommen Sie zu dem Entschluss, am nächsten Morgen den Schlüsselnotdienst zu kontaktieren, der Ihnen den Zugang zu Ihrer Wohnung wieder ermöglichen wird.

Ab einem bestimmten Punkt in der Erschöpfungsspirale kommen Sie allein nicht mehr weiter und brauchen Hilfe von außen. Auch Freunde, Bekannte und Familie können einem zwar Zuflucht geben, helfen aber wenig dabei, die eigenen Themen zu bearbeiten, weil sie Teil Ihres Systems sind, emotionale Bezüge und Abhängigkeiten zwischen Ihnen bestehen und Ihnen zu nahestehen.

Sie brauchen ein Gegenüber, dass mit einem gewissen Abstand auf Ihre Situation schauen kann. Distanz schafft Erkennen. Das ist wie bei einem großen Bild – wenn Sie ganz nah davorstehen, sehen Sie nur ein paar Konturen und Details und viel Farbe. Das große Ganze können Sie erst erfassen, wenn Sie ein paar Schritte zurücktreten und es aus der Distanz betrachten. Im Museum machen Sie das ganz automatisch und genau das Gleiche tut ein Fachmann im Gespräch mit Ihnen. Aus diesem Abstand heraus kann er Ihnen die Impulse und konkreten Anleitungen geben, die Ihnen helfen, konstruktive Lösungen zu finden. Wer dieses Gegenüber sein kann und wie diese Hilfe aussehen kann, dazu finden Sie im → *Serviceteil* am Ende des Buches Anregungen.

▶ Achtung Notfall!

Wenn Sie mindestens eine der Zahlen weit oben auf dem Burnout-Barometer angekreuzt haben (13, 38, 52, 9, 46, 19, 33), dann sind Sie normalerweise sehr verzweifelt und nicht selten gibt es in dieser Phase Gedanken an **Selbstmord**. Wenn Sie sich ehrlich eingestehen, dass Sie gefährdet sind, dann gehen Sie unmittelbar zu einem Arzt oder in eine psychiatrische oder psychosomatische Ambulanz.

In Grenzsituationen ist es manchmal nicht mehr möglich, die Verantwortung für das eigene Leben zu übernehmen und Sie dürfen und müssen diese Verantwortung für einige Zeit abgeben. Jeder Therapeut oder Arzt wird Sie aus professionellen Gesichtsgründen nicht mehr gehen lassen, wenn Sie Selbstmordgedanken haben. Das bedeutet im Klartext, dass Sie sich in den **Schutzraum** eines hoch professionellen Umfeldes in einer Klinik begeben sollten, bis Sie sich selbst wieder vertrauen können. Nutzen Sie diese Chance für sich!

Hilfe in Anspruch nehmen: ambulant oder in der Klinik?

Kann ich in meinem normalen Umfeld bleiben, wenn ich aus der Situation Burnout herauskommen will? Das ist eine Frage, die viele Betroffene bewegt und es gibt keine eindeutige Antwort darauf. Die meisten Menschen brauchen ein organisatorisches Gerüst, das um sie herum steht, damit sie sich auf sich selbst einlassen können. Wenn es unterstützende Partner oder Familie gibt, dann kann es klappen, mit ambulanter Hilfe durch so eine Phase zu kommen. Wenn aber dieses Gerüst Teil der Problematik ist (und das ist gar nicht so selten der Fall), dann wird es im „roten Bereich" schwer, in so einem ambulanten Setting Veränderungsschritte zu vollziehen. Ein Abstand von ein paar Wochen kann dann sehr hilfreich sein.

Wenn es niemanden gibt, der Sie unterstützt, Sie allein in der leeren Wohnung sitzen und sich auch noch um die ganze Organisation des täglichen Lebens kümmern müssen, dann wird es irgendwann zu viel. Gerade, wenn Sie das Gefühl haben, nur noch eine funktionierende Hülle zu sein, schaffen Sie das nicht mehr. Dann ist es sinnvoll, sich in ein professionelles Umfeld zu begeben, das einem all das für einige Zeit abnimmt, sodass man sich auf sich selbst besinnen kann. Das kann das Elternhaus sein, das kann aber auch eine Klinik sein.

Generell kann man sagen: Ambulante Hilfe ist im hellgrauen Bereich und nach Überwindung der akuten Phase des dunkelgrauen Bereichs sinnvoll – auch später sollte man nicht ohne Unterstützung wieder voll in die Belastung zurückkehren. In der akuten Phase eines Burnouts dürfen Sie auch einmal aussteigen und Kraft tanken, sich neu orientieren, sich wieder spüren lernen – für eine begrenzte Zeit, nach der Sie wieder die Selbstverantwortung übernehmen können.

Welche Therapieansätze gibt es?

Es gibt keine geprüfte und gesicherte Burnout-Therapie, die hundertprozentig und für jeden passt. Es gibt auch nur wenige Studien dazu – nicht erstaunlich, wenn es schon nicht möglich ist, Burnout überhaupt klar zu definieren. Das heißt aber nicht, dass es keine therapeutischen Strategien gibt, sondern nur, dass auch hier wieder gilt, individuell das zu finden und zu tun, was genau zu Ihnen und Ihrer Situation passt. Und das kann eine gute Mischung aus unterschiedlichen Ansätzen sein.

Es ist wichtig und sinnvoll, dass die Auseinandersetzung mit sich und den eigenen Einstellungen und Mustern sowie dem eigenen Verhalten in Gesprächen geklärt wird. Dabei arbeitet man meist auf der Kopf- und Gefühlsebene. Gleichzeitig ist es sinnvoll, auch den Körper mit einzubeziehen. Sich selbst zu spüren, seiner Intuition zu vertrauen, sich Zeit für sich zu nehmen, langsam zu sein, einfach nur zu sein. Gerade das ist vielen Menschen im Burnout abhandengekommen und kann nicht nur durch Arbeit mit dem Kopf wiedergefunden werden. Viele Kliniken gehen genau diesen Weg, aber es lassen sich auch verschiedene Bausteine zusammenstellen. Hier einige Ansätze:

- Einzelgespräche, Gruppensitzungen
- Kommunikationstraining, Selbstbehauptungstraining, Problemlösetraining
- Ordnungstherapie, Selbstmanagement
- Kunsttherapie, kreatives Schreiben, Musiktherapie
- Wahrnehmungstraining, Genusstraining, Biofeedback
- Atemarbeit, Meditation, Qigong, intuitives Bogenschießen
- Entspannung, Progressive Muskelrelaxation, Autogenes Training
- Muskuläre Lockerung, Bewegungstraining

Idealerweise werden alle Zugangswege zu sich selbst genutzt, häufig auch parallel. Auch in der Einzelarbeit geht es darum, eher integrativ zu arbeiten, weg von den klassischen „Schulen" der Therapie hin zu einer individuellen Therapie.

Nachdem die Einzeltherapie häufig im Vordergrund steht, wollen wir Ihnen einige Therapiearten kurz erläutern, damit Sie wissen, was dahintersteckt, wenn Sie davon hören:

Verhaltenstherapie (VT)

Verhaltenstherapeutische Ansätze haben in der Vergangenheit einigen Wandel erfahren. Ursprünglich basierte die Therapie darauf, dass man Änderungen im aktuellen Verhalten anregte, um Umlernprozesse anzustoßen, ohne allzu sehr in die Tiefe der Störungsursache zu gehen. Verhalten galt als erlernt, sodass man auch wieder umlernen bzw. das Verhalten verändern kann. Die meisten Richtungen der modernen VT gehen inzwischen einen Mittelweg, in dem die Verhaltensänderung über einen inneren Prozess angestoßen wird. Eine Richtung davon ist die kognitive Verhaltenstherapie.

Kognitive Verhaltenstherapie

Therapeut und Klient arbeiten bei dieser Therapieform gleichberechtigt zusammen. Im Mittelpunkt der Therapie stehen Einstellungen, Gedanken, Bewertungen und Überzeugungen. Man geht dabei davon aus, dass die Art und Weise, wie wir denken, bestimmt, wie wir uns fühlen, verhalten und körperlich reagieren. Daher versucht man zunächst, solche meist unbewusst ablaufenden Gedanken bewusst zu machen (→ *Gedankenprotokoll in Teil 3/Kapitel 2.9*). Danach wird nachgefragt, inwieweit diese Einstellungen und Gedanken angemessen sind und stimmen und ob es Alternativen dazu gibt. Darüber werden hinderliche Denkmuster umgewandelt in gesündere Denkweisen, die dann auch gesündere konkrete Verhaltensweisen nach sich ziehen können. Nur wenn sich innere Wahrnehmung und Sichtweise auf Situationen verändern, kann sich auch ein spontanes und emotionales Verhalten verändern. Daher wird die subjektive Sicht auf die Welt untersucht und ggf. verändert. Ähnliche Therapieverfahren sind auch die kognitive Therapie (KT) und die Rational-Emotive Verhaltenstherapie (REVT).

Verhaltenstherapie hat sich bei depressiven Erkrankungen, Zwangserkrankungen und Phobien gut bewährt. Bei verhaltenstherapeutischer Arbeit gibt es fast immer „Hausaufgaben“, die zwischen den Sitzungen zur Selbstreflexion und Verhaltensänderung anregen. Verhaltenstherapien werden in Deutschland normalerweise von der Krankenkasse übernommen. Sie sind deutlich kürzer angelegt als analytische Ansätze. Es gibt Kurzzeittherapien, die von 10 Stunden ausgehen, und auf längere Sicht ausgelegte Therapien, die mit ca. 40 Stunden kalkuliert werden.

Analytische Ansätze

Psychoanalytische Therapieverfahren

Es sind die in ihren Wurzeln ältesten Formen der psychotherapeutischen Ansätze, bei der der Ursache von Störungen auf den Grund gegangen wird. Es gibt zwei Hauptrichtungen:

- die **tiefenpsychologisch fundierte Psychotherapie** (TP) und
- die **analytische Psychotherapie** (AP).

Die analytische Psychotherapie versucht, aufgrund der aktuellen Symptomatik alte Konflikt- und Erlebenssituationen zu identifizieren und diese dann aufzuarbeiten. Der Therapeut stellt sich dabei quasi als Ersatzfigur in der Veränderung von alten Beziehungsmustern zur Verfügung, die vom Klienten neu durchlebt werden und dabei verändert werden können. Die tiefenpsychologisch fundierte Psychotherapie orientiert sich mehr an einer ganz bestimmten aktuellen Situation, für die es einen klaren Auslöser gibt. Es geht hier um die Klärung der Ursachen und der unbewussten Motive. Bei beiden Ansätzen werden Persönlichkeitsanteile und Muster im Erleben und Verhalten in den Mittelpunkt der Arbeit gestellt.

Beide Formen der analytischen Therapie werden in Deutschland normalerweise von den Krankenkassen übernommen. Die AP erstreckt sich über 80–240 (max. 300) Stunden, mit Sitzungen bis zu 3-mal pro Woche. Die TP beschränkt sich auf eine Sitzung pro Woche und eine insgesamt geringere Gesamtzahl an Stunden.

Humanistische Psychologie

Eine relativ junge „Schule", die zum Ziel hat, Klienten bei der Entfaltung einer gesunden, sich selbst verwirklichenden und schöpferischen Persönlichkeit zu unterstützen. Am bekanntesten ist hier die **Klientenzentrierte Psychotherapie** nach Rogers. Bei diesen Ansätzen wird weniger auf bestimmte Störungsbilder eingegangen, sondern mehr versucht, für den Klienten eine gute Basis für seine psychische Entwicklung herzustellen. Dabei geht es sowohl darum, sich selbst begreifen zu lernen (Reflexion), als auch seine Einstellungen und sein Verhalten zu verändern (Reaktion). Sie enthalten oft Elemente, in denen es um das eigene Erleben geht.

Andere Therapierichtungen, die der humanistischen Psychologie nahestehen, sind z. B. die Logotherapie, Gestalttherapie, Psychodrama oder die Positive Psychotherapie. Diese Formen der Therapie werden nicht von allen Krankenkassen übernommen. Die Zahl der Stunden und Häufigkeiten der Sitzungen schwanken.

Es gibt weitere Therapieformen, die keiner speziellen Richtung zuzuordnen sind (z. B. die Transaktionsanalyse) oder spezielle Vertiefungen einzelner Themenbereiche darstellen (z. B. Arbeit mit dem inneren Kind), die in der Auseinandersetzung mit sich selbst hilfreich sein können.

Integrative Therapie

Dieser Begriff setzt sich erst langsam durch. Es gibt schon lange Bestrebungen, die unterschiedlichsten Ansätze der oben genannten Therapieformen zusammenzubringen, und viele Therapeuten haben bereits parallele Ausbildungen in mehreren therapeutischen Richtungen, sodass sie vielseitig arbeiten können. Dabei werden diejenigen Methoden eingesetzt, die für den individuellen Menschen und seine Situation am besten passen. Das heißt, es gibt kein fertiges Methodenkonzept, sondern es wird vor allem in der Anfangsphase der Therapie individuell entwickelt.

Nachdem es für eine derartige Arbeit bisher kein allgemein anerkanntes Curriculum gibt, wird sie vor allem von breit ausgebildeten Therapeuten eingesetzt, kann jedoch nicht in dieser Form von den Krankenkassen erstattet werden.

Gerade bei einer so individuellen Erscheinung einer Störung, wie es Burnout ist, muss man den einzelnen Menschen und seine spezifische Lebenssituation und Lebensgeschichte sehen. Das ermöglicht es, flexibel mit den unterschiedlichen Themen und Methoden zu arbeiten.

Wie finden Sie „Ihren“ Therapeuten oder Coach?

Vielleicht auch hier vorab etwas zu den Begriffen. **Therapeuten** sind üblicherweise Menschen, die eine Zulassung zur Therapie haben, also Ärzte, Psychologen oder auch Heilpraktiker. Der Begriff des **Coaches** ist dagegen nicht geschützt und beinhaltet auch keine Qualitätsstandards. Das heißt nicht, dass es nicht exzellente Coaches gibt, die Ihnen sehr gut weiterhelfen können (und umgekehrt auch weniger begabte Therapeuten). Viele qualifizierte Coaches haben eine ein- bis zweijährige Ausbildung vorzuweisen. Coachings sind lösungsorientiert ausgerichtet und die Anzahl der Sitzungen hängt von der konkreten Fragestellung ab. Ein

Coach erarbeitet diese präzise mit Ihnen. Coachingtermine sind oft kurzfristig zu bekommen, auf eine Therapie müssen Sie zum Teil länger warten. Die oft vollzogene Trennung von Coaching und Therapie ist sehr relativ, da jede Auseinandersetzung mit sich selbst per se therapeutische Züge hat. Eine Therapie ist meist durch die Krankenkasse erstattungsfähig, ein Coaching generell nicht.

Im Falle einer durch die **Krankenkasse** bezahlten Psychotherapie haben Sie die Gelegenheit, sogenannte „probatorische" Sitzungen mit dem möglichen Therapeuten durchzuführen, um klären zu können, ob die Vertrauensbasis für eine Zusammenarbeit gegeben ist. Wenn Sie sich dabei auf etwas verlassen können, dann ist es Ihr Bauchgefühl. Sie werden nur offen an Ihre Themen herangehen können, wenn Sie dem Gegenüber trauen. Das bedeutet, ihm zu vertrauen und ihm etwas zuzutrauen. Umgekehrt gilt übrigens das Gleiche. Ein Therapeut, der seinem Patienten nicht zutraut, Schritte machen zu können, wird selten besonders hilfreich sein. Gehen Sie also offen und neugierig in den ersten Kontakt mit Ihrem Therapeuten oder Coach und fragen Sie sich nach der Sitzung, wie es Ihnen dabei gegangen ist und wie es Ihnen danach geht, und entscheiden Sie dann spontan. Der Bauch hat fast immer recht.

Die Methode an sich spielt dann häufig eine weniger wichtige Rolle.

Da es zum Teil sehr lange Wartezeiten für einen Therapieplatz gibt (sowohl im ambulanten Bereich, wie auch im Bereich der Klinik), können Sie über Ihre Krankenkasse eine **Liste von Therapeuten** anfordern, die freie Therapieplätze gemeldet haben. Das ist häufig der kürzere Weg. Viele Menschen telefonieren sich die Finger wund, um einen Therapeuten zu finden. Gerade in der Phase, in der man sehr wenig Energie hat, bedeutet das einen unheimlichen Kraftakt.

Wenn Sie sich für einen **Klinikaufenthalt** entscheiden, gibt es die Unterscheidung zwischen einem stationären Aufenthalt in einer **akuten Klinik** oder einer **Rehamaßnahme**. Beides kann im gleichen Haus sein, der Träger für die Kosten ist aber jeweils ein anderer. Der akute Klinikaufenthalt wird von der **Krankenkasse** getragen, die Rehamaßnahme von der **Rentenversicherung**. Eine Einweisung als Akutfall erfordert grundsätzlich eine Begutachtung durch einen Facharzt (Psychiater) und eine **Kostenübernahmeerklärung** der Krankenkasse. Hierbei geht es um die Wiederherstellung der Gesundheit. Eine Rehamaßnahme über die Deutsche Rentenversicherung dauert in der **Bewilligung** deutlich länger und hat ein anderes Ziel, nämlich das der Wiederherstellung oder des Erhalts der Erwerbsfähigkeit. Die entsprechenden Kliniken geben im Allgemeinen Auskunft über den besten Weg durch den Papierdschungel. Im Zweifelsfall kann sich eine Beratung bei einem Juristen lohnen, der sich mit dem Thema Sozialrecht auskennt (→ *Serviceteil*).

Medikamentöse Unterstützung

Es herrscht große Verunsicherung über das Thema **Medikamente** im Rahmen der Therapie eines Burnouts. Gerade in späteren Stadien des Burnouts kann eine zumindest zeitweilige Gabe von Medikamenten hilfreich sein. Im ersten Teil des Buches haben Sie über die Spätsymptome mit depressiven Symptomen und über die verschiedenen Abgrenzungen zu anderen psychischen Erkrankungen gelesen. Aus so einer Phase herauszukommen ist zwar nicht immer unmöglich, aber es erfordert Zeit und ist extrem belastend für sich selbst und das Umfeld. Insbesondere bei suizidalen Gedanken muss sichergestellt werden, dass der Betroffene sich nichts antun kann – darüber haben Sie bereits oben gelesen. In so einer Phase werden praktisch immer Medikamente eingesetzt. Je nach Symptomatik helfen Medikamente, aus dieser dramatischen Phase herauszukommen. Bei vielen psychischen Erkrankungen gibt es echte Stoffwechselstörungen im Gehirn, die durch

Medikamente wieder normalisiert werden können. Die Verordnung von Medikamenten im psychotherapeutischen Bereich gehört eher in die Hand des Fachmanns und weniger in die Hand des Hausarztes, es sei denn, er hat auf diesem Gebiet große Erfahrung. Von der Gabe reiner **Schlafmittel**, vor allem in den früheren Phasen eines Burnouts, ist abzuraten. Sie haben meist ein hohes **Abhängigkeitspotenzial** und verlieren ihre Wirkung rasch.

Hilfe in Anspruch nehmen

Sie haben in diesem Buch viel über Burnout erfahren und Anregungen erhalten, wie es Ihnen gelingen kann, stressfrei zu studieren. Nutzen Sie die Übungen und Hilfestellungen konkret für sich und fangen Sie heute damit an, sich um sich selbst zu kümmern. Wir ermutigen Sie zu den folgenden drei Schritten:

[1] Stärken Sie sich und Ihre Widerstandskraft gegen Stress (→ **Prävention**).

[2] Lernen Sie, Gegenstrategien gegen Belastungen zu entwickeln (→ **Aktive Selbsthilfe**).

[3] Wenden Sie sich rechtzeitig an einen kompetenten Ansprechpartner, wenn Sie gefährdet sind (→ **Professionelle Hilfestellung**).

Und zum Schluss noch ein wichtiger Hinweis: Burnout ist meist nicht das Ende eines „erfolgreichen" Lebens, sondern viel öfter der Beginn davon. Die Auseinandersetzung mit sich selbst, seinen Werten und Überzeugungen, seinen Reaktionsmustern kann den Weg zu einem selbstbestimmten und reichen Leben oft erst ermöglichen.

Literatur

Bergner, T.M.H. (2016). Burnout-Prävention. 3. Auflage. Schattauer Verlag, Stuttgart

Bundesministerium für Bildung und Forschung (Hrsg.). Multrus, F.; Ramm, M.; Bargel, T. (2010). Studiensituation und studentische Orientierungen. http://www.bmbf.de/pub/studiensituation_studentetische_orientierung_elf.pdf. Abgerufen 01.06.2016

Burns, D. (2006). Feeling Good. Depressionen überwinden. Selbstachtung gewinnen. Junfermann, Paderborn

Butcher, J.; Mineka, S. & Hooley, J. (2009). Klinische Psychologie. 13. Auflage. Pearson Verlag, München

Csikszentmihalyi, M. (2010). Das flow-Erlebnis. Jenseits von Angst und Langeweile: im Tun aufgehen. 11. Auflage. Klett-Cotta, Stuttgart

Damasio, A. R. (2002). Ich fühle, also bin ich. Die Entschlüsselung des Bewusstseins. 4. Aufl., List Verlag, Berlin

Deutscher Alpenverein (2013). Einfach Wandern. Deutscher Alpenverein München & Oberland. Infobroschüre der Landeshauptstadt München. Referat für Bildung und Sport

Deutscher Alpenverein (2013). Erlebnis Bergwandern. Infobroschüre. https://www.alpenverein.de/chameleon/public/17943/Erlebnis-Bergwandern-2013_17943.pdf. Abgerufen 31.05.2016

Die Zeit (2012). Erinnerung lass nach, vom 25.10.2012, S. 39

DZHW – Deutsches Zentrum für Hochschul- und Wissenschaftsforschung (2013). Studienerschwernis Psyche? Ausgewählte Befunde zu psychischer Belastung und psychischer Erkrankung unter Studierenden. https://www.studentenwerke.de/sites/default/files/ft_2013_ausgewaehlte_befunde_zu_psychischer_erkrankung_middendorff.pdf. Abgerufen am 01.06.2016

Ernst & Young (2009). Studenten in Deutschland – Was sie bewegt. Wohin sie wollen. http://blog.recrutainment.de/wp-content/uploads/2009/09/Studentenstudie_2009.pdf. Abgerufen 04.08.2013

Eßwein, T. (2015). Achtsamkeitstraining. 8. Auflage. Gräfe und Unzer, München

Freudenberger, H.J. (1974). Staff burn-out. Journal of Social Issues, Vol. 30, S.159–165

Frohme, G. & Schmale-Riedel, A. (2008). Psychodynamik von Antreibern. Vortrag auf dem „World Congress for Psychotherapy".(http://www.vfp.de/verband/verbandszeitschrift/alle-ausgaben/39-heft-04-2009/190-psychodynamik-von-antreibern.html. Abgerufen 21.11.2012

Harnisch, G. (2000). Das Glück im Sandkorn. Trias Verlag, Stuttgart

Kaluza, H. (2003). Stressbewältigung. 3. Auflage. Springer, Berlin und Heidelberg

Kolitzus, H. (2003). Das Anti-Burnout Erfolgsprogramm. 6. Auflage. Deutscher Taschenbuch Verlag, München

Liebold, D. (2012). Pressestelle der TU Chemnitz. http://www.tu-chemnitz.de/tu/presse/aktuell/2/4151. Abgerufen 04.08.2013

Meier, S., Milz, S., Krämer, A. (2007): Projektbericht Gesundheitssurvey für Studierende in NRW. http://www.gesundheitsfoerdernde-hochschulen.de/Inhalte/F_Gesundheitssurvey_NRW/Projektbericht_GesSur_NRW.pdf. Abgerufen 04.08.2013

Meuter, S. (2014). Studenten am Rande des Nervenzusammenbruchs. Welt online: https://www.welt.de/gesundheit/psychologie/article129977400/Studenten-am-Rande-des-Nervenzusammenbruchs.html Abgerufen 27.10.2016

Müller, V. (2009). Nachfolgertypen und Rollenkonflikte im Nachfolgeprozess von Firmenunternehmen. In: Alewell et al.: Empirische Personal- und Organisationsforschung. Band 38, Rampp Verlag, München und Mering

Nelting, M. (2014). Burnout. Goldmann, München

Petzold, H. (Hrsg.) (1988). Methoden des therapeutischen Umgangs mit Symbolen und Symbolisierungsprozessen. Überlegungen zu Kernqualitäten des Menschenwesens. Vortrag auf dem 7. Dt. Symposium für Kunsttherapie 1988, Hückeswagen

Pfeifer, M. (keine Angabe der Jahreszahl). http://www.das-burnout-syndrom.de/news/1/de/burnout-_-ausgebrannt.html. Abgerufen 04.08.2013

Proy, S. (2009): Rollenkonflikte – Wie entstehen Rollen und wie können Rollenkonflikte geregelt werden? Studienarbeit, Grin. München

Pschyrembel (2014). Klinisches Wörterbuch, 266. Aufl., De Gruyter, Berlin

Pschyrembel (2007). Klinisches Wörterbuch, 261. Aufl., De Gruyter, Berlin

Remmert, G. (2012). Mach es allen recht! Beeil dich! Zur Dynamik innerer Antreiber (http://www.seminarhaus-schmiede.de/pdf/antreiber.pdf). Abgerufen 30.08.2013

Rühle A. (2011). Interview mit Gerhard Polt. Ich sinnlose vor mich hin … und das mit Begeisterung. SZ-Magazin, Heft 47, Jahrgang 2011

Schaufeli, W.B.; Enzmann, D. (1998). The burnout companion to study & practice. London: Taylor & Francis. In: Burisch, M. (2010). Das Burnout-Syndrom, 4. Aufl., S. 19, Springer Verlag. Berlin, Heidelberg

Seiwert, L. (2011). Ausgetickt - Lieber selbstbestimmt als fremdgesteuert. Ariston, Kreuzlingen und München

Sponsel R. (2006). Spiritualität – Eine psychologische Untersuchung. http://www.sgipt.org/wisms/gb/spirit0.htm. Abgerufen 04.08.2013

t3n (2015). Fokus und Produktivität: Diese 15 Tools schützen dich vor Ablenkung. Vol. 43, http://t3n.de/news/tools-fuer-konzentration-fokus-produktivitaet-698820/. Abgerufen am 27.05.2016

TK CampusKompass – Umfrage zur Gesundheit von Studierenden. Ergebnisse einer repräsentativen Forsa-Umfrage unter 1000 Studierenden im März 2015. https://www.tk.de/centaurus/servlet/contentblob/724592/Datei/143829/TK-CampusKompass.pdf. Abgerufen am 16.05.2016

TK Stress-Studie NRW-Studenten 2012. Ergebnisse einer repräsentativen Forsa-Umfrage aus Mai 2012. https://www.tk.de/centaurus/servlet/contentblob/456454/Datei/60355/Forsa-Studie%20Studentenalltag%20in%20NRW.pdf. Abgerufen 04.08.2013

Walther, H. (2015). Ohne Prüfungsangst studieren. UVK Lucius, Konstanz und München

Wittchen, H.-U.; Hoyer, J. (2011). Klinische Psychologie & Psychotherapie, 2. Aufl., Springer Verlag. Berlin, Heidelberg

Wohlleben, P. (2015), Das geheime Leben der Bäume, 17. Aufl., Ludwig Verlag, München

Wolf, Doris (2011). Ängste verstehen und überwinden, PAL Verlagsgesellschaft Mannheim

Zaudig, M.; Trautmann, R.-D. (2006). Therapielexikon Psychiatrie, Psychosomatik & Psychotherapie. Springer Verlag. Berlin, Heidelberg

Über die Autorinnen

Dr. med. Barbara Krautz

Die promovierte Ärztin Dr. med. Barbara Krautz ist Gründerin und Leiterin des BurnOut-Zentrums München. Sie ist Therapeutin für PBSP und als Coach spezialisiert auf prozessorientierte Persönlichkeitsentwicklung.

Sie lehrt an unterschiedlichen Hochschulen, derzeit an der FOM Hochschule in München zu den Themen Gesundheitsmanagement und Gesundheitspsychologie, Kommunikation, Führung und Moderation.

Als Unternehmensberaterin führt sie mit ihrem Team Psychische Gefährdungsbeurteilungen durch, schult und trainiert zu den Themen gesunde Führung und Burnoutprävention und ist Ansprechpartnerin für Strategien zur gesundheitsorientierten Organisationsentwicklung.

Dr. Heike Schiebeck

Die Diplom-Psychologin und promovierte Wirtschaftspsychologin Dr. Heike Schiebeck lehrte an der International School of Management im Studiengang „Psychologie & Management" u.a. zu den Themen Persönlichkeitspsychologie, Interkulturelle Psychologie, Neurowissenschaften und Change Management. Sie ist als Unternehmensberaterin für Kompetenzentwicklung in Vertrieb und Management, strategische Personalentwicklung und Business-Coach tätig. Darüber hinaus engagiert sie sich als Jurorin im Bayerischen Businessplan Wettbewerb und als Scout für erfolgversprechende Start-up's.

Serviceteil

1 Kontaktadressen der Autorinnen

BurnOut-Zentrum München

www.bozm.de

Hilfe für Betroffene und Angehörige, MBSR und Achtsamkeitstrainings, Persönlichkeitsentwicklung

Schulung und Beratung von Unternehmen zu gesunder Führung, Burnoutprävention, psychischer Gefährdungsbeurteilung, BGM und strategischer Gesundheitsentwicklung

Kontakt: Dr. med. Barbara Krautz

barbara.krautz@bozm.de

Talent Culture Crew / b2bimpuls

www.talentculturecrew.net

Business-Coaching, Resilienz-Coaching, Coaching zur beruflichen Neuorientierung und Beratung für den Vertrieb von Consulting, IT-Dienstleistungen und IT-Lösungen

Kontakt: Dr. Heike Schiebeck

hs@talentculturecrew.net

2 Weitere nützliche Adressen

Im Folgenden finden Sie unterschiedliche Adressen für Anlaufstellen.

Angsterkrankungen

- www.angstselbsthilfe.de
- www.vssp.de/deutsche-angst-zeitschrift-daz

Angst-Selbsttest

- http://www.schoen-kliniken.de/ptp/medizin/psyche/angststoerung/angst/selbsttest/

Antreiber-Test

- www.talentculturecrew.de/inhalt-Wohltuend_und_unterstuetzend-16-0.html

Depression

- www.depressionsliga.de
- www.deutsche-depressionshilfe.de

Juristische Beratung

- www.angela-huber.de

Krisenberatungsstellen

Verzeichnis bundesweiter Anlaufstellen bei psychischen Notfallsituationen:

🖰 http://www.depressionen-depression.net/notfaelle/notfallnummern.htm
Telefon-Seelsorge (evang.): 0800/1110111
Telefon-Seelsorge (kath.): 0800/1110222

Krisendienst Psychiatrie München

🖰 www.krisendienst-psychiatrie.de

Suizidprävention München

🖰 www.die-arche.de

Zwangsstörung

🖰 www.zwaenge.de

3 Psychologische Beratungsstellen der Universitäten (Auswahl)

Inzwischen verfügen nahezu alle Universitäten in Großstädten über eigene psychosoziale und psychotherapeutische Beratungsstellen. Einige Kontaktstellen finden Sie im Folgenden. Sollte Ihre Universität nicht dabei sein, so erkundigen Sie sich im Studierendensekretariat nach einer Kontaktadresse. Kleinere Universitäten oder Fachhochschulen haben oftmals Kooperationen mit größeren Universitäten oder Studentenwerken abgeschlossen. An diese können Sie sich dann auch mit Ihrem Anliegen wenden. Auch der ASTA ist eine gute Anlaufstelle.

Freie Universität Berlin – Psychologische Beratung

http://www.fu-berlin.de/sites/studienberatung/psychologische_beratung/index.html

Humboldt Universität Berlin – Psychologische Beratung

www.hu-berlin.de/de/studium/beratung/psyber/psyber_html

Studentenwerk Berlin – Psychologisch-Psychotherapeutische Beratung

http://www.studentenwerk-berlin.de/bub/pp_beratung

Technische Universität Dortmund –
Psychologische Studienberatung

http://www.tu-dortmund.de/uni/studierende/beratung/psychologische/

Studentenwerk Dortmund –
Psychologische Beratung

www.stwdo.de/finanzen/psychologische-beratung

Studentenwerk Dresden –
Psychosoziale Beratung für Studierende

www.studentenwerk-dresden.de/soziales/psychosoziale-beratung.html

Universität Frankfurt –
Psychotherapeutische Beratung

www.uni-frankfurt.de/35793221/psychotherapeutische

Universität Hamburg –
Psychologische Beratung

www.uni-hamburg.de/campuscenter/beratung/beratungsangebote/psychologische-beratung.html

Universität Heidelberg –
Psychosoziale Beratung für Studierende (PBS)

http://www.uni-heidelberg.de/studium/beratung/pbs.html

Studentenwerk Köln – Die Psycho-Soziale Beratung

🖱 http://www.kstw.de/index.php?option= com_content&view=article&id=122&Itemid=14

Studentenwerk Mannheim – Psychologische Beratungsstelle

🖱 http://www.studentenwerk-mannheim.de/Beratung +_+Service/Psychologische+Beratung.html

Studentenwerk München – Psychosoziale und psychotherapeutische Beratung

🖱 http://www.studentenwerk-muenchen.de/beratungsnetzwerk/psychosoziale-und-psychotherapeutische-beratung/

Selbstverständlich gibt es vergleichbare Angebote auch in **Österreich** und in der **Schweiz**.

4 Psychosomatische Ambulanzen der Kliniken

Abgesehen von den unten genannten Stellen ist der jeweilige **Hausarzt** immer eine mögliche Anlaufstelle. Meist kann er Ihnen beim nächsten Schritt behilflich sein.

Auch viele **Krankenkassen** haben eigene psychologische Beratungsstellen eingerichtet. Es lohnt sich häufig, über die Hotline der eigenen Krankenkasse nachzufragen.

Alle **Universitätskliniken** haben eine **Psychosomatische oder Psychiatrische Ambulanz**. Es gibt außerdem viele städtische Häuser oder Häuser privater Träger, die ebenfalls psychosomatische Ambulanzen unterhalten. Sie finden hier einige Links zu großen Ambulanzen. Im Zweifelsfall finden Sie im Internet unter den Stichworten „Psychosomatische Ambulanz (Ihre) Stadt" die Adressen der entsprechenden Institute.

Falls Sie einen Klinikaufenthalt benötigen, gibt es deutschlandweit viele Akut- und Rehakliniken, die sich auf die Thematik Burnout ausgerichtet haben. Am Ende dieses Abschnitts haben wir Ihnen eine kleine (subjektive) Auswahl zusammengestellt, die nicht repräsentativ ist, die wir aber persönlich kennen und empfehlen können.

Charité Universitätsmedizin Berlin

🖱 http://psychosom-ccm.charite.de/

Universitätsklinikum Dresden

🖱 www.psychosomatik-ukd.de

Katholisches Krankenhaus Erfurt

🖱 http://www.pia-erfurt.de/

Universitätsklinikum Erlangen

🖱 www.psychosomatik.uk-erlangen.de/patienten/abteilung-auf-einen-blick

LVR-Klinikum Essen

🖱 www.klinikum-essen.lvr.de/de/nav_main/erwachsene/klinik_fuer_psychiatrie_ und_psychotherapie/ambulanzen/spezialsprechstunden/spezialsprechstunde_fuer_ menschen_mit_depressiven_stoerungen/spezialsprechstunde_fuer_menschen_mit_ depressiven_stoerungen_1.html

Universitätsklinikum Frankfurt

🖱 www.psychiatrie.uni-frankfurt.de/klinik/Psychosomatik/Ambulante_Psychosomatik/Ambulanz/index.html

Universitätsklinikum Freiburg

🖰 http://www.uniklinik-freiburg.de/psychosomatik /live/patientenversorgung/ambulanz.html

Universitätsklinikum Gießen und Marburg

🖰 http://www.ukgm.de/ugm_2/deu/ugi_pso/5566.html

Universitätsklinikum Hamburg-Eppendorf

🖰 www.uke.de/kliniken-institute/institute/institut-und-poliklinik-f%C3%BCr-psycho somatische-medizin-und-psychotherapie

Medizinische Hochschule Hannover

🖰 http://www.mh-hannover.de/psychosomatik.html

Universitätsklinikum Heidelberg

🖰 www.klinikum.uni-heidelberg.de/Psychosomatische-Ambulanz.139083.0.html

Universitätsklinikum Köln

🖰 http://psychosomatik-psychotherapie.uk-koeln.de/psychosomatik-und-psychotherapie/patienten/ambulanz

Universitätsklinikum Leipzig

http://psychsom.uniklinikum-leipzig.de/psychosom.site,postext,patienteninformationen.html

Universitätsklinik Magdeburg

http://www.med.uni-magdeburg.de/Psychosomatik.html

Universitätsmedizin Mainz

www.unimedizin-mainz.de/psychosomatik/patienten/uebersicht.html

Klinikum rechts der Isar, Technische Universität München

http://www.mri.tum.de/node/471

Universität Rostock

http://www-kpm.med.uni-rostock.de/KPMAmbu.html

Universitätsklinikum Ulm

http://www.uniklinik-ulm.de/struktur/kliniken/psychosomatische-medizin-und-psychotherapie/home/klinische-bereiche/ambulanz.html

5 Klinikempfehlungen für einen stationären Aufenthalt (Auswahl)

Kliniken Heiligenfeld

🖱 www.heiligenfeld.de

Schön-Kliniken

z. B. Schön Klinik Roseneck (Prien am Chiemsee)
🖱 www.schoen-kliniken.de/ptp/kkh/ros/

z. B. Schön Klinik Bad Staffelstein
🖱 www.schoen-kliniken.de/ptp/kkh/sta/

CIP-Klinik Dr. Schlemmer, Bad Tölz

🖱 www.klinik-schlemmer.de/

Klinikum Windach

🖱 https://klinik-windach.de/

Gezeitenhaus Bonn (nur für Privatpatienten)

🖱 www.gezeitenhaus.de/

Oberbergklinik (nur für Privatpatienten)

🖱 www.oberbergkliniken.de/privatklinik-weserbergland.html?gclid=
CIn9w7qYicQCFYnKtAodfjYAlQ

Ein Angebot im Internet, das Ihnen den Weg in „Ihre" Burnout-Klinik erleichtern soll:

www.der-wegberater.de/im-fokus/burn-out/burn-out-kliniken/

Auch die jährliche Focus-Klinikliste mag eine Orientierung sein. Zu beziehen über:

https://pdf.focus.de/focus-klinikliste-2016.html

Stichwörter